U0576759

吃喝玩乐

赵华川 · 赵成伟\绘 袁树森\配文

文化艺术出版社

Culture and Art Publishing House

图书在版编目（CIP）数据

吃喝玩乐 / 赵华川，赵成伟绘图；袁树森配文.
—北京：文化艺术出版社，2015.6
（老北京风情）
ISBN 978-7-5039-6000-0

Ⅰ.①吃… Ⅱ.①赵…②赵…③袁… Ⅲ.①饮食-风俗习惯
-介绍-北京市 ②休闲娱乐-风俗习惯-介绍-北京市
Ⅳ.①K892.25 ②K892.29

中国版本图书馆CIP数据核字（2015）第099960号

吃喝玩乐（老北京风情系列）

绘 图	赵华川 赵成伟	
配 文	袁树森	
责任编辑	周进生	
装帧设计	顾 紫	
出版发行	文化艺术出版社	
地 址	北京市东城区东四八条52号 （100700）	
网 址	www.whyscbs.com	
电子邮箱	whysbooks@263.net	
电 话	（010）84057666（总编室）84057667（办公室）	
	（010）84057691—84057699（发行部）	
传 真	（010）84057660（总编室）84057670（办公室）	
	（010）84057690（发行部）	
经 销	新华书店	
印 刷	国英印务有限公司	
版 次	2015年8月第1版	
印 次	2015年8月第1次印刷	
印 张	6.625	
字 数	50千字	
开 本	880毫米×1230毫米 1/32	
书 号	ISBN 978-7-5039-6000-0	
定 价	29.80元	

老北京不忘的乡愁

　　传统文化就是文明演化而汇集成的一种反映民族特质和风貌的民族文化，是民族历史上各种思想文化、观念形态的总体表征。习近平总书记在中央城镇化工作会议上对继承传统文化提出了要求："望得见山、看得见水、记得住乡愁"。老北京人儿时的记忆是北京传统文化的重要组成部分，是北京人不应忘记的"乡愁"。

　　时过境迁，早年间北京胡同里小贩悠扬的叫卖声，大杂院里亲如一家的邻里关系，五行八作的市井百态，充满欢乐的儿时游戏，已经难以见到了，但是那浓郁的乡土气息，却是令人难以忘怀的。因为这是早年间"天子脚下"老百姓真实的生活场景，从中映照出了居住在皇城根平民百姓的喜怒哀乐、思想感情。《儿时游戏》《年节习俗》《吃喝玩乐》《旧时行业》这四本画册，用感官的形式，配以京味儿的说明文字，把一幅幅老北京人的生活场景形象地展现了出来，看过之后，你会对老北京人的生活有一个大致的了解，觊觎这四本画册能够成为研究北京文化之人的参考资料。

赵成伟 袁树森

2015年5月

目录

正文

年夜饭

年夜饭

老北京有一句俗话:"打一千,骂一万,全凭三十晚上这顿饭。"由此可见大年三十晚上这顿饭的重要性。除夕夜一夜连两年,新旧交替,老北京人对这顿饭非常重视。三十晚上这顿饭又叫"年夜饭""团圆饭"。

年夜饭有两个特点,一是突出"团圆"的主题,全家人必须要到齐了,平时在外面工作的人到了这天也必须要赶回来,一个也不能少。在平常的日子里,儿媳妇一般不能上桌和公婆、大伯子一桌吃饭,唯独这一顿饭可以。小孩子也可以上桌,人多桌子大,有的菜小孩子够不着,可以站在凳子上去夹菜,大人绝不会申斥他。这一天无论是谁摔了盘子打了碗,也不会受到申斥,长辈会说一声"碎碎(岁岁)平安",求个吉利。平时受气的儿媳妇在这一天里即使是做错了事情,也不会受到申斥,大家都求一个平安快乐。

二是这顿饭要非常丰盛,三十晚上是吃米饭,因为吃米饭就要有菜,菜要多而且丰盛,把家里好吃的菜全都端上饭桌,菜不怕多,必须要有鱼,取个"年年有余(鱼)"的口彩。每一盘子菜不可吃净,要剩下一点儿,意思是家里有吃不完的饭菜。吃饭的时候一般都要喝一点酒,女人也可以喝,小孩子怕辣,大人也要用筷子蘸一点儿酒抹进他的嘴里,这叫"咋一筷头子"。吃完了晚饭之后,老人给孩子们讲故事,男人们打牌,女人们就要准备大年初一吃的饺子了,准备好了面和馅儿之后先不捏,这时候就可以几个人凑到一起斗纸牌了。

初一饺子

初一饺子

　　饺子起源于东汉时期，传为医圣张仲景首创。当时的饺子始于药用，张仲景用面皮包上一些药物用来治病。早在三国时期，魏张揖所著《广雅》一书中，就提到这种食品。清朝有史料记载说："元旦子时，盛馔同离，如食扁食，名角子，取其更岁交子之义。"又说："每年初一，无论贫富贵贱，皆以白面做饺食之，谓之煮悖悖，举国皆然，无不同也。富贵之家，暗以金银小锞藏之悖悖中，以卜顺利，家人食得者，则终岁大吉。"这说明新春佳节人们吃饺子，寓意吉利，以示辞旧迎新。近人徐珂所编《清稗类钞》中说："中有馅，或谓之粉角 —— 而蒸食煎食皆可，以水煮之而有汤叫做水饺。"饺子一般要在年三十晚上12点以前包好，待到半夜子时吃，这时正是农历正月初一的伊始，吃饺子取"更岁交子"之意，"子"为"子时"，交与"饺"谐音，有"喜庆团圆"和"吉祥如意"的意思。过年吃饺子有很多传说，一说是为了纪念盘古氏开天辟地，结束了混沌状态；二是取其与"浑囤"的谐音，意为"粮食满囤"。另外，民间还流传吃饺子的民俗与女娲造人有关，女娲抟土造成人时，由于天寒地冻，黄土人的耳朵很容易冻掉，为了使耳朵能固定不掉，女娲在人的耳朵上扎一个小眼，用细线把耳朵拴住，线的另一端放在黄土人的嘴里咬着，这样才算把耳朵做好。老百姓为了纪念女娲的功绩，就包起饺子来，用面捏成人耳朵的形状，内包有馅（线），用嘴咬着吃。初一的饺子切不可煮破，破了就叫"元宝汤"，那是和尚吃的。

腊八蒜

腊八蒜

　　腊八蒜湛青碧绿，十分好看，故而美其名曰"翡翠碧玉腊八蒜"。泡腊八蒜是北京地区的一个习俗。顾名思义，就是在阴历腊月初八这天来泡制蒜。其实材料非常简单，就是米醋和大蒜瓣儿。做法也是极其简单，将剥了皮的蒜瓣儿放到一个可以密封的罐子里，然后倒入米醋，封上口，放到一个温度较冷的地方。慢慢地，泡在醋里的蒜就会变绿，最后会变得通体碧绿的，如同翡翠。腊八蒜的"蒜"字和"算"字同音，早年间，北京各家商号都要在这天拢账，把这一年的收支算出来，可以看出盈亏，其中包括外欠和外债，都要在这天算清楚，"腊八算"就是这么回事。腊八这天要债的债主子要到欠他钱的人家送信儿，叫他们准备还钱。北京城有句民谣："腊八粥、腊八蒜，放账的送信儿，欠债的还钱。"后来有欠人家钱的，用"蒜"代替"算"字，以示忌讳，回避这个算账的"算"字，其实欠人家的，终究是要还的。老北京临年关，街巷胡同有卖"辣菜"的，可没有卖腊八蒜的。这是为什么呢？您想啊，卖腊八蒜得吆喝吧，怎么吆喝？直接喊"腊八蒜来！"欠债的人听见吆喝心里咯噔一下，怎么街上还有喊着催债呀！所以卖腊八蒜不能下街吆喝，都是一家一户自己动手泡腊八蒜，自己先给自己算算，今年这个年怎么过。

　　泡腊八蒜得用紫皮蒜和米醋，将蒜瓣去老皮，浸入米醋中，装入小坛封严，至除夕启封，那蒜瓣湛青翠绿，蒜辣醋酸香溶在一起，扑鼻而来，是吃饺子的最佳佐料，拌凉菜也可以用，味道独特。

吃春饼

吃春饼

　　春饼是北京的民俗食品，是一种烙得很薄的面饼，又称"薄饼"。每年立春日，北京人都要吃春饼，名曰"咬春"。最早的春饼是与合菜放在一个盘里的，称为"春盘"。关于春盘的记载，可见于周处《风土志》："正无日俗人拜寿，上五辛盘。五辛者，所以发五脏气也。"这里的五辛盘即春盘。《四时宝镜》说："立春日食萝菔、春饼、生菜，号春盘。"唐宋时，春盘已放在立春日出现。杜甫亦有"春日春盘细生菜"的诗句。古代立春日吃春饼，不但在民间一直流行，在皇宫中春饼也经常作为季节食品颁赐给近臣。《岁时广记》曾记载："立春前一日，大内出春饼，并酒以赐近臣。盘中生菜染萝卜为之装饰，置查中。"

　　在北京春饼是用烫面烙的一种双层薄饼，吃的时候揭开，现在饭馆则多用卷烤鸭的鸭饼代替。卷春饼的菜称为"和（读 huò）菜"，用豆芽菜和粉丝加调料或炒或拌而成。另外还要配炒菠菜、炒韭菜、摊鸡蛋等热菜以及被称为"盒子菜"的熟肉，如酱肘花、酱肉、熏肉、炉肉（均要切丝）。如果在家里吃，这些菜是从"盒子铺"购买，熟肉铺送货时把熟肉盛在外观精致的盒子里，吃饭时就把盒子摆在自家的餐桌上。待顾客吃完肉之后，肉铺再取回盒子。菜因为装在盒子里，所以被称为"盒子菜"，熟肉铺则因靠墙放满了备用的盒子，而被称为"盒子铺"。在饭馆里吃春饼，如果只是您一个人，可以来份"炒和菜盖被卧"——下边是菜底儿，上面盖一个摊黄菜（鸡蛋），多形象！

喝豆汁儿

喝豆汁儿

　　豆汁儿是北京的传统风味小吃，色泽灰绿，豆汁儿浓醇，味酸且微甜，是北京具有独特风味的小吃。过去卖豆汁儿的分售生和售熟两种。卖生豆汁儿的多以手推木桶车，同麻豆腐一起卖；卖熟豆汁儿的多以肩挑，一头是豆汁儿锅，另一头摆着焦圈、麻花、辣咸菜。《燕都小食品杂咏》中说："糟粕居然可作粥，老浆风味论稀稠。无分男女齐来坐，适口酸盐各一瓯。"喝豆汁儿必须配切得极细的酱菜，还要配套吃炸得焦黄酥透的焦圈，风味独到。豆汁儿是用制造绿豆淀粉或粉丝的下脚料做成的。生豆汁儿是水发绿豆加水经磨研，并除去大部分淀粉之后的液体经发酵而成。

　　豆汁儿历史悠久，据说早在辽、宋时就是民间大众化食品。清乾隆十八年（1753），有人上殿奏本称："近日新兴豆汁一物，已派伊立布检查，是否清洁可饮，如无不洁之物，着蕴布募豆汁匠二三名，派在御膳房当差。"于是民间的豆汁儿就成了宫廷的御膳。喝豆汁儿的人不拘贫富。在过去，穿戴体面的人如果坐在摊上吃灌肠或羊霜肠，就会被人耻笑，但是在摊上喝豆汁儿则是正常现象。卖豆汁儿的前边设个长条案，上摆四个大玻璃罩子：一个放辣咸菜；一个放萝卜干；一个放芝麻酱烧饼、"马蹄烧饼"；一个放"小焦圈"的油炸果子。案子上铺着白桌布，挂着蓝布围子，上面扎有用白布剪成的图案，标出"×记豆汁"字样。夏天还要支上布棚，以遮烈日。经营者通常一两人，不停地向游人喊道："请吧，您哪！热烧饼、热果子、里边有座儿哪！"

吃灌肠

吃灌肠

　　灌肠是北京人喜爱吃的一种大众街头小吃，从明代开始流传。《故都食物百咏》中说到灌肠："猪肠红粉一时煎，辣蒜咸盐说美鲜。已腐油腥同腊味，屠门大嚼亦堪怜。"老北京街头常有挑担卖灌肠的小贩。有记载："粉灌猪肠要炸焦，铲挡筷碟一肩挑。特殊风味儿童买，穿过斜阳巷几条。"在北京的小吃中，灌肠要算得上是物美价廉大众化的。这种小吃过去在北京的集市、庙会上，尤其是夜市上随处可见。卖灌肠的摊子上，大铁铲敲打着大铁挡的缘子"当当"作响，引得大人、孩子围上前非要掏钱来两盘儿尝尝不可。吃灌肠不在乎解饿，只是领略它的风味，过过馋瘾。吃煎好的灌肠要蘸上蒜汁；用小竹签一片片扎着吃，如果哪位用筷子，那就没有一点情趣了。灌肠分两种：一种为大灌肠，把猪肥肠洗净，以优质面粉、红曲水、丁香、豆蔻等十多种原料调料配制成糊，灌入肠内，煮熟后切小片块，用猪油煎焦，浇上盐水蒜汁，口味香脆咸辣；另一种叫小灌肠，用淀粉加红曲水和豆腐渣调成稠糊，蒸熟后切小片块，用猪油煎焦，浇盐水蒜汁食用。灌肠外焦里嫩，用竹签扎着吃，颇显特色。不过，这种讲究质量的货色现已不易吃到了，通常在庙会、夜市上您所见到、吃到的，只是用淀粉加上红曲捏成个棒槌形，切成片后上挡煎，滋味当然不如真正的灌肠，但是因为用油煎得特别香，而且价钱又比较便宜，吃者依然很多，甚至有吃灌肠吃上瘾的人索性就买上几块，回家去自煎自吃，独享其乐。这也是一种吃法。

饸饹摊

饸饹摊

　　饸饹也叫"河漏"，是老北京最常见的面食吃法之一，传统做法是用一种木头做的饸饹床子（一种木制或铁制的有许多圆眼的工具）架在锅台上，把和好的面塞入饸饹床子带眼儿的空腔里，人坐在饸饹床子的木柄上使劲压，把面通过圆眼压出来，形成小圆条。它比一般面条要粗些，但比面条坚、软，将饸饹直接压入烧沸的锅内，等水烧滚了，一边用筷子搅，一边加入冷水，滚过两次，就可以捞出来，浇上事先用豆腐或者肉、红白萝卜等做好的"噪子"，就可以吃了。压饸饹的面可以用豌豆面、莜麦面、荞麦面或其他杂豆面。豆面有时候需要加入面丹来调节面的软硬度和口感。适合应用于那些没有小麦面黏性大、不能按普通方法做成面条的面类。压饸饹讲究的是用荞麦面加一些白面，如果加上少许的榆树皮面（用榆树的内皮晾干、磨成面）会更劲道、爽滑。饸饹的食用方式和面条差不多。用西红柿和茄子做的卤，爱吃荤的可以浇羊肉氽汤，然后放上黄瓜丝、鹌鹑蛋、芝麻等菜码儿，当然还要放最主要的调料，那就是辣椒油。做辣椒油最简单，最好吃的方法是把辣椒用干净的纸巾擦干净，然后放到油锅里去炸，辣椒千万不能用水洗，不然会影响口感。把油烧到七成热时，浇到盛有辣椒的碗里就行了。卖压饸饹的一般在庙会、集市、城门脸儿摆摊，一张条桌，几条大板凳，一个大炉子，一架饸饹床子，现场制作，边压边卖。吃压饸饹以冬天最为适宜，多放辣椒油，吃完了出一身汗，既解饱又驱寒。

茶汤挑

茶汤挑

茶汤相传源于明代，因用水冲熟，如沏茶一般，故名"茶汤"。北京茶汤因用龙头嘴的壶冲制，又叫"龙茶"。茶汤味甜香醇，细腻耐品。

茶汤是一种甜饮食，和藕粉相类似，原料是糜子面。用开水冲茶汤有一套冲制的技巧，先把茶汤原料在碗内调好，放好白糖与桂花卤；然后再在高大、体重的铜壶中装满滚开的水。卖茶汤的一手执碗，一手扶壶柄，双脚撇开呈半蹲式，左手的碗正好等在壶嘴边，等水一冲出，碗要随时变换距离，以掌握开水适量来控制它的厚薄程度，并不使开水外溢，激出糖浆，这是技巧之一。右手要有足够的控制力量，水出得猛，开水一出壶口，正好注入碗内。要一次完成，才能冲熟茶汤，否则滴滴答答注水，茶汤就冲不熟了，这是技巧之二。卖茶汤的那些老手，开水出口，碗口和壶口距离有时在一二尺的地方，开水全部入碗，点滴不外溢，而且说止即止，一次冲熟，厚薄合乎要求。冲茶汤用的大铜壶金光锃亮，壶身铸有游龙，壶嘴是一个龙头的造型，龙头上面系着两朵丝绒花球，显示它的古雅。大铜壶肚膛内点煤炭，沿着肚膛盛水，茶汤就用烧得滚开的水直接冲入放有茶汤原料的碗内。盛水的大铜壶有40公斤重。茶汤原料也很讲究。它要用糜子面放在碗内，用热水调匀，然后用铜壶的开水冲入碗内冲熟，撒上一层红糖，中间放一撮白糖。它的质量要求是：冲得的茶汤把碗反过来朝下，立即下坠，挂在碗边，用手拍动，松软抖动，不能从碗内掉下。老北京讲究喝前门外的"聚元斋"和天桥的"茶汤李"的茶汤。

拨鱼儿

拨鱼儿

　　"拨鱼儿"和鱼一点儿关系也没有，是一种形状像小鱼儿的面食，故名。拨鱼儿也叫"溜尖"或"剔尖儿"。所用的面是绿豆面加白面，也有只用白面的，先用鸡蛋清一个，加少许盐，适量水，把面和成软软的（软的程度到如果倾斜，面就滑落的样子）备用。拨鱼儿分为两种：一种是山西拨鱼儿；一种是北京拨鱼儿。两种拨鱼儿所使用的工具不同。山西拨鱼儿是把面放在盘、碗之中，饭馆里则是把面团儿放在小案板上。北京拨鱼儿用专用的拨鱼儿铲子和拨鱼儿钎子，有铁的也有铜的。拨鱼儿铲子为圆形，直径约二十厘米，拨鱼儿钎子形状像一根筷子。山西拨鱼儿拨出来之后比较粗，北京拨鱼儿拨出来比较细。用筷子或钎子把面团拨成小条儿飞落到滚开水的锅里，连续不断，看着如同鱼儿飞舞一般。特别是制作北京拨鱼儿的时候，铲子和钎子后面都带有小铁环，拨鱼儿的时候，钎子碰在铲子上，震动铁环，发出清脆的响声，十分悦耳。做拨鱼儿可是个技术活儿，筷子下去要"稳、准、狠"，这样飞奔出去的面两头尖，形似小鱼。拨鱼儿易熟，捞出来过冷水后就可以吃了。吃法如同面条儿，可以浇炸酱，也可以打卤。讲究的吃法是把鸡汤加热后，放入西红柿、蛋黄皮丝、蒲公英叶，然后放进拨鱼儿，加调料即可。其中的蒲公英叶是一味药材，清热消炎，去痘败火，对身体健康益处极大，而且非常好找。还可以用芸豆、胡萝卜、火腿肠、鸡蛋配着炒拨鱼儿，做拨鱼儿汤，也很好吃。

切糕

切糕

切糕是北京著名的小吃。由糯米或黄米面制成的糕，多和以红枣或豆沙，刀切零售，故名。切糕分为两种：一种是面切糕；一种是米切糕。面切糕是用江米面加水，和均匀上笼蒸熟，然后将蒸熟的江米面沾水揉匀，用手按成厚薄相当的层片，抹上豆馅或枣泥馅，要达到四层面三层馅，层次分明，面馅分开，出售时用刀顺边从上往下切，放在盘内。撒上白糖就可以食用了。米切糕是将糯米洗净，用凉水浸半小时，净水后，上笼用旺火蒸一个小时后，放入盆中，浇上开水，顺一个方向搅拌。待米与水融合后，再蒸半小时，仍放入盆中搅拌成黏稠状的糯米团，接着再蒸10分钟取出，饧12小时。把小枣洗净煮熟，上笼蒸半小时，取出后晾凉待用。把糯米团分成相等的三块，蘸凉开水，逐块按揉光润，拍按成方块。在第一块糯米团上铺上五分之二的小枣，盖上第二块糯米团，接着在第二块上铺同样多的小枣，再盖上第三块糯米团，再将余下的小枣全都摆在面上。将糕用湿布盖严，挤成约三寸厚时，揭去湿布，切成菱形小块，即可食用。

在老北京的胡同里经常可以见到卖切糕的，推着独轮小车，上面放一块案板，案板上放着大块的切糕，上面盖着蘸了水的蓝布，小车下面一边挂着一个小铁桶，里面放有一把长条形的刀，另一侧挂着一个篮子，里面放的是小盘子和叉子。卖切糕的边走边吆喝："小枣儿来切糕！江米来切糕！"买切糕可以当场吃，卖切糕的切下一块切糕来，放在盘子里，撒上白糖，放一个叉子，就可以吃了。

烧酒蒸蟹

烧酒蒸蟹

八月秋高河蟹膏肥，是吃螃蟹的季节。在过去，北京的螃蟹一般来自天津、河北白洋淀一带，螃蟹一个个用马蔺草拴在一起，装在蒲包里出售。老北京吃螃蟹一般都是蒸，不但营养丰富，而且味道鲜美，很多人都喜欢吃。

吃螃蟹是有讲究的，螃蟹不可与红薯、南瓜、蜂蜜、橙子、梨、石榴、西红柿、香瓜、花生、蜗牛、芹菜、柿子、兔肉、荆芥同食；吃螃蟹不可饮用冷饮，否则会导致腹泻。螃蟹是凉性食品，不易消化，所以吃螃蟹喝烧酒也就约定俗成了。螃蟹分尖脐、团脐两种，所谓"七尖八团"，意思是说七月尖脐的螃蟹肥，八月团脐的螃蟹腴。老北京最著名的是前门外"正阳楼"的螃蟹，个儿大，味道鲜美，此外这里还有一套吃螃蟹的工具，让顾客吃得干干净净。也可以在家里吃，烫上一壶烧酒，来几个螃蟹，边剥边吃，别有情趣。

烧饼、油炸鬼、脆麻花

烧饼、油炸鬼、脆麻花

　　烧饼、油炸鬼、脆麻花是北京最常见的三种传统食物。烧饼品种颇多，有一百多个花样。这里说的是北京的芝麻酱烧饼，用半发面摊开擀平，抹上芝麻酱，撒上花椒盐，卷起揪剂子，擀成饼，刷上碱水，沾上芝麻，先上铛烙，再放进炉里烤，烤熟的烧饼又脆又香。

　　油炸鬼现在叫"油条""炸果子"，原来叫"油炸桧"。据《清稗类钞》说："油炸桧长可一人，捶面使薄，两条绞之为一，如绳以油炸之……"

　　脆麻花是北京清真小吃的常见品种，除脆麻花外，还有芝麻麻花、馓子麻花、蜜麻花等，所以《故都食品百咏》中有诗说："麻花烧饼说都门，名色繁多恣饱吞。适口价廉随处有，一年四季日晨昏。"做脆麻花先将红糖、苏打、油加两倍水溶化，再将面粉倒入和均匀。也有用明矾、碱面、红糖、糖桂花和面的做法。和成面团后，再揉进温水，盖上湿布饧10分钟。制作时将饧好的面团揪成小剂，搓成约十厘米的长条，放入盘中刷一层油，码三四层再饧一会儿后，拿起一根搓成长绳条，合成三股，做成麻花，它的规格长约十二厘米，条要均匀，呈棕黄色，每根约重三十多克。将油倒入锅内，用旺火烧六成热时，将麻花坯子分批下入油中炸制，要随做随炸，炸时用筷子将麻花坯子在油里抖动，使条与条之间稍微松散开，便于炸透，待炸至棕黄色时即成。脆麻花特点是焦、酥、脆；有甜味；存放几天仍然鲜脆。

豆腐脑

豆腐脑

豆腐脑是利用大豆蛋白制成的高养分食品。质微稠，舀入碗中，浇上卤，再加入海米、海带丝、金针、韭菜丁儿、胡椒粉，淋点芝麻香油，浓香无比。《故都食物百咏》中称："豆腐新鲜卤汁肥，一瓯隽味趁朝晖。分明细嫩真同脑，食罢居然鼓腹旧。"清代名医王孟英在《随息居饮食谱》中这样记载：豆腐，以青、黄大豆，清泉细磨，生榨取浆，入锅点成后，软而活者胜。点成不压则尤软，为腐花，亦曰腐脑。北京有首儿歌："要想胖，去开豆腐房，一天到晚热豆腐脑儿填肚肠。"豆腐脑色白软嫩，鲜香可口。豆腐脑在北京都是清真的，卤的味道堪称一绝，其卤不泄，脑嫩而不散，清香扑鼻。器皿也有讲究，用砂锅，砂锅体轻、导热快，特别是可以保持原味，不受金属器皿的影响。豆腐脑挑子一头是一个肚大口小的缸，外边用棉垫子包裹严实，以便保温。另一头是一个方形的架子，中间是一口铜锅，锅里是浇豆腐脑的卤，四周摆着碗勺。用一个扁扁的铜铲子把豆腐脑铲起来，放在浅碗里，然后浇上卤，放上辣椒油。早年前门外门框胡同的"豆腐脑白"和鼓楼"豆腐脑马"最为有名，人称"南白北马"。西城区有名的是西单的米家兄弟。南城天桥也有家姓白的做豆腐脑口碑不错。豆腐脑的浇卤最为讲究，风味有回、汉之别。"白记豆腐脑"是清真卤味，用切得薄薄的鲜羊肉片、上等口蘑、淀粉、酱油打出的卤汁橙红透亮，鲜美非常。吃的时候，舀起一块白嫩的豆腐脑，浇上一勺厚卤，淋上蒜汁或辣椒油，满嘴喷香。

元宵挑子

元宵挑子

　　吃元宵的习俗传说源于春秋时期，楚昭王复国归途中经过长江，见有物浮在江面，色白而微黄，内中有红如胭脂的瓤，味道甜美。众人不知此为何物，昭王便派人去问孔子。孔子说："此浮萍果也，得之者主复兴之兆。"因为这一天是正月十五日，以后每逢此日，昭王就命手下人用面仿制此果，并用山楂做成红色的馅煮而食之。关于元宵节吃元宵的最早记载见于宋代。当时称元宵为"浮圆子""圆子""乳糖元子"和"糖元"。从《平园续稿》《岁时广记》《大明一统赋》等史料的记载看，元宵作为欢度元宵节的应时食品是从宋朝开始的。因元宵节必食"圆子"，所以人们使用元宵命名之。元宵又叫"汤圆"，历史上还有许多别称，如"面茧""粉果""元宝""汤饼""圆不落角"，等等，直至明永乐年间才被正式定名为"元宵"。元宵以白糖、玫瑰、芝麻、豆沙、黄桂、核桃仁、果仁、枣泥等为馅，用糯米粉包成圆形，可荤可素，风味各异。可汤煮、油炸、蒸食，有团圆美满之意。元宵分有馅、无馅两种。无馅的个小，味甜，以白糖、桂圆、桂花、藕丁、蜜饯为佐料，又称"珍珠汤圆"，有馅的个大，状如核桃。北方元宵多为甜馅，有白糖、豆沙、芝麻、山楂等类。人们在元宵节吃汤圆，实际上是思念亲人、渴望团圆的意思。元宵挑子在正月十五前后出现在胡同里，一头是分成几屉的圆笼，各种元宵和碗勺都放在屉中。另一头是火炉子，炉上支着煮元宵的铜锅。卖元宵的吆喝非常好听："现揭锅的！好大馅儿的元宵来！"

摊煎饼

摊煎饼

　　煎饼是北京一种普通的食品。摊煎饼的面有多种，比如白面的、小米的、高粱的、香米的，等等。北京的煎饼一般用小米面加黄豆面和白面做成，煎饼的制作方法比较复杂。例如摊小米煎饼，先把一半的小米煮到八九成熟，作为兑伴掺到另一半小米里，也可以加点豆子之类的，再用磨推成煎饼糊子，不稠不薄，用舀子舀起，倒在烧热的鏊子上，均匀地摊开，然后用劈子反复在鏊子上抿，直到抿干，再用抢子沿鏊子边把摊好的煎饼抢起揭下来放好，接着用浸透豆油的"油搭子"把鏊子擦一遍，以便摊下一个时好揭。这种煎饼确实好吃，它薄如纸，咬到嘴里就化。这种煎饼一般八九个一斤，高手摊出的十个不到一斤，市面上的煎饼都是这种。山东的摊煎饼是在平底锅内擦薄薄的一层油，盛一勺面糊倒入锅内，旋转锅面使面糊均匀流动糊满锅面，用最小火煎半分钟后，打入一粒鸡蛋划散，在鸡蛋液上撒上少许葱花，待蛋液稍凝固后，翻面，稍许就熟了。摊好的煎饼没有多少水分，很有韧性，刷上一层大酱，再依次放入咸菜、海带丝、土豆丝、咸菜和油条等，将其卷起来即可。味道鲜美，既方便又快捷，是老北京的一种"快餐"。早年间，北京人都喜欢吃山东的煎饼。现在人们在街上所吃到的煎饼是天津风味的，而不是山东风味的。

荷叶粥

荷叶粥

　　北京人喜欢吃鲜儿，什么季节吃什么，什么蔬菜水果下来就吃什么。在荷花盛开的季节里，团团荷叶随风散发出清香，这时候荷叶粥就出现在北京人的饭桌上了。荷叶粥的做法是：用鲜荷叶一张约二百克、粳米一百克、白糖适量为原料；将米洗净，加水煮粥，临熟时将鲜荷叶洗净覆盖在粥上，焖约十五分钟，揭去荷叶再煮沸片刻即可。喝时可适量加点白糖。另一种做法是把米淘洗干净，加4碗清水，放在瓦煲里慢火熬，不用煲盖，改用一张新鲜的荷叶代替它，十来分钟，荷叶会软下来掉进粥里，重新盖一张荷叶上去，如此三四张以后，一煲晶莹碧绿的荷叶粥就呈现在你面前了，荷香与米香和谐地融合在一起，让人能一气喝上两三碗。熬荷叶粥的时候要放上少许的白矾，否则粥色会发红，影响感官效果。早年间，在北京城里的积水潭、什刹海，都有卖荷叶粥的店家，因为那里是城中湖泊水岸，荷花生长茂盛，采摘新鲜的荷叶十分方便。中医认为，荷叶性平，味苦涩，有解暑热、清头目、止血之功效；现代营养学也证明，荷叶含有荷叶碱、莲碱等成分，具有清泻解热、降脂减肥及良好的降压作用。因此，荷叶粥或荷叶饭是夏天极佳的解暑食物。煮时还可以再放点绿豆，除了祛暑清热以外，还有和中养胃的作用，适用于小儿夏季发热口渴、食欲不振等症状。

窝头摊

窝头摊

　　窝头又叫"窝窝头"，是早年间北京人最普通的一种食品，用玉米面或杂合面做成。大个儿的有半斤来重，小的也有二三两。窝窝头的外形是上小下大中间空，呈圆锥状。为了使它蒸起来容易熟，底下有个孔（北京俗称"窝窝儿"），又因为它是和馒头一样的主食，所以北京人称这种食品为"窝窝头"。也可以用玉米面、小米面、高粱面或其他杂粮面做成。窝头的起源历史不可考了，但至少在明朝已经有这个名称，至今也有三百多年的历史了。李光庭著《乡言解颐》小注云："窝窝以糯米粉为之，状如元宵粉荔，中有糖馅，蒸熟，外糁薄粉，上作一凹，故名窝窝。田间所食，则用杂粮面为之，大或至斤许，其下一窝如旧，而覆之。茶馆所制甚小，曰爱窝窝。相传明世中宫有嗜之者，因名御爱窝窝，今但曰艾而已。"农村里所吃的窝窝头是用杂粮面粉做成的，大的大概一市斤，下面仍然有一个窝。茶馆里所做的窝窝头很小，叫作"艾窝窝"。相传明朝宫廷里有人喜欢吃，就把它取名叫"御爱窝窝"，清朝时只把它简称为"艾窝窝"。北海公园有一家饭馆名叫"仿膳"，是仿御膳房的做法的意思。在他们的有名食品里边，便有一种"小窝窝头"，据说是从前做来"供御"的，用栗子粉和入，现在则只以黄豆玉米粉加糖而已。所以北京市面上除真正的窝窝头以外，还有两种窝头，不是主食而是小吃，这就是"艾窝窝"与"小窝窝头"。窝头摊一般摆在城门脸儿，来吃的大多是卖力气的穷苦人，俩窝头，一碗小米粥，一块老咸菜，这就是一顿饭。

炙炉烙馅盒子

炙炉烙馅盒子

　　烙盒子是北京人常做的面食，与馅饼相似，但二者不同。馅饼是一张圆皮儿上搁馅儿、包好、轻摁而成的圆饼儿。盒子则其形似钹，上下两片合之，中心凸起。肚中有馅儿，故曰"盒子"。盒子皮用小麦面，馅儿分荤、素，荤馅儿放肉末海鲜，素馅儿用时令蔬菜。老北京人最爱吃的馅儿就是韭菜，或肉、或鸡蛋、或虾皮儿、或鸡蛋细粉条儿。因饼的形状为圆形且厚，所以叫盒子；也有一种是三角形的，就叫烙三角。所用的面是白面，做的时候，先把面和好，面要软。等面和好了先放一边儿饧着，再把肉馅和姜末、酱油拌好。什么时候吃，什么时候再切韭菜，免得拌早了出汤。拌馅的时候，再放进花生油、盐和味精。而此时的厨房已是韭菜生香了。吃韭菜馅，无论是盒子，还是饺子，按规矩都得是用姜末儿醋。因为韭菜属寒，用姜正好中和。真到吃的时候，先咬一小口，以免盒子里的韭菜汁儿烫嘴，再蘸一下姜末儿醋，那馅儿香、醋香、姜香，再加上焦黄的面皮发出的香味道，还真没有什么好词去形容了。还有白菜馅儿、西葫芦馅儿、地三鲜馅儿、海三鲜馅儿的，滋味各有不同。

　　刚出锅的素馅儿盒子吱吱作响，一口下去，满口留香！或曰：素馅儿盒子面酥馅嫩，淡雅宜心，富有营养，不腻人，其食物中之君子乎！《间巷话蔬食》赞云："两张画皮夹心馅，茴香鸡蛋美味串。君若不信请品尝，余音绕梁三日半。"

卖羊头肉

卖羊头肉

　　早年间，到了冬天的午后，就能听见卖羊头肉的在胡同里吆喝"卖羊头肉哎！"卖羊头肉的人胳膊上挎着一个鸭蛋圆形的木提盒，也有的身后背一个扁木箱，这些小商贩吆喝的是羊头肉，实际以卖羊杂碎为主，他们大多数人都有固定的活动范围，老主顾们一听到他们的吆喝声就会开了街（院）门，把他们让到院里或屋里，要什么，给什么，要多少切多少。他们的"刀功"极好，切得又快又薄，真是其薄如纸，说神了，拿到灯下一照，都能透亮。切好后，撒上研磨得极细的花椒盐，这细盐装在竹筒或牛角制的小筒中，那种牛角筒小巧玲珑，很能引起孩子们的兴趣。老北京歇后语"卖羊头肉的回家 —— 没有戏言（细盐）"是说细盐用完了，虽有肉也不能做生意，只好回家。

　　羊肉性温，冬季常吃羊肉，不仅可以增加人体热量，抵御寒冷，而且还能增加消化酶，保护胃壁，修复胃黏膜，帮助脾胃消化，起到抗衰老的作用；羊肉营养丰富，对肺结核、气管炎、哮喘、贫血、产后气血两虚、腹部冷痛、体虚畏寒、营养不良、腰膝酸软、阳痿早泄以及一切虚寒病症均有很大裨益；具有补肾壮阳、补虚温中等作用，男士适合经常食用。

　　羊头肉最适宜凉拌吃，是下酒的好菜。用煮熟的羊头肉150克，辣椒油30克，香油7克，酱油、白糖、精盐、味精适量，葱末少许。把羊头肉切成薄片，放入盘中。将葱末、辣椒油、香油、白糖、精盐、味精一同放入碗中，把勾兑好的味汁浇在羊头肉上，拌匀即可食用了。

吃烤肉

吃烤肉

　　烤肉是北京久负盛名的特色菜肴，已有三百多年的历史。据说它是北方游牧民族的传统食品，也曾作为宫廷的一种美味而跻身于大雅之堂。《明宫史·饮食好尚》中就有"凡遇雪，则暖室赏梅，吃炙羊肉"的记载。最早的烤肉，是把牛肉或羊肉切成方块，用葱花、盐、豉汁稍浸一会儿再行烤制。明末清初时，蒙族人则是把大块的牛、羊肉略煮，再用牛粪烤熟。到了清中期，经过不断改进和发展，烤肉技术日臻完美。杨静亭《都门杂味》中赞道："严冬烤肉味堪饕，大酒缸前围一遭。火炙最宜生嗜嫩，雪天争得醉烧刀。"

　　烤肉是京菜菜谱中的菜肴之一，以牛肉为制作主料，烤肉的烹饪技巧以烤为主，口味属于炸烧味。选料严格，肉嫩味香，自烤自食，风味独特。位于宣武门内大街的"烤肉宛"和什刹海北岸的"烤肉季"，是北京最负盛名的两家烤肉店。两店一南一北，素有"南宛北季"之称。不过这种有名的烤肉馆价钱也不菲，普通的老百姓是很少光顾的。老百姓吃烤肉一般都上烤肉摊，那里是另一番景象，一张大圆桌子，上面放一个炭火盆，盆里燃着火苗直蹿的松木柴，盆上架着铁质的隔扇，俗称"炙子"。吃烤肉的人不管认识不认识，大家都围着圆桌而立，一条腿踩在板凳上。肉切成薄片，先用酱油、卤虾油、葱丝、香油、香菜等佐料腌好，把肉放在铁炙子上，用特制的长筷子来回翻，恰到好吃时赶快扒拉到自己手中的盘子里，吃一口烤肉喝一口烧酒，颇有一种豪爽之气。

卖苣荬菜

卖苣荬菜

　　苣荬菜为菊科植物，又名"败酱草"，北京叫"苦麻""曲麻菜"，主要分布于我国西北、华北、东北等地，野生于荒山坡地、海滩、路旁。苣荬菜嫩茎叶含水分88%，蛋白质3%，脂肪1%，氨基酸17种，其中精氨酸、组氨酸和谷氨酸含量最高，占氨基酸总量的43%。这3种氨基酸都对浸润性肝炎有一定疗效。精氨酸还具有消除疲劳、提高性功能的作用；谷氨酸能在体内与血氨结合，形成对机体有益的谷氨酰胺，解除组织代谢过程中产生的氨的有害作用，并参加脑组织代谢，使脑机能活跃。苣荬菜还含有铁、铜、镁、锌、钙、锰等多种元素。其中钙、锌含量分别是菠菜的3倍、5倍，是芹菜的2.7倍、20倍。而钙锌对维持人体正常生理活动，尤其是儿童的生长发育具有重要意义。此外，苣荬菜富含维生素。苣荬菜性寒味苦，具有消热解毒、凉血利湿、消肿排脓、祛瘀止痛、补虚止咳的功效。生食可更有效地发挥其保健功能。对预防和治疗贫血病、维持人体正常生理活动，促进生长发育和消暑保健有较好的作用。

　　苣荬菜吃法多种多样，可凉拌、做汤、蘸酱生食、炒食或做饺子和包子馅，或加工酸菜或制成消暑饮料。味道独特，苦中有甜，甜中有香。每到初春，街上就有卖苣荬菜的了。北京人爱吃苣荬菜，因为是野菜，价钱便宜。卖苣荬菜的多为小孩和妇女，因为来得容易，一个子儿给你抓一大把。

卖熏鱼儿

卖熏鱼儿

一看到这个标题，谁都会认为，这一定是指熏制出来的鱼，其实不然，老北京人将猪头肉煮而熏之，称"熏鱼儿"。其色绛紫，味道醇厚，不但不腻，且含高蛋白，营养颇丰。民间视为"发物"之一，小孩接种牛痘时吃一些，可让病毒充分发出来。卖熏鱼儿的小贩挎着一个红漆木柜，走街串巷，吆喝"熏鱼儿，炸面筋来哟！"有的则靠在一个大酒缸（酒馆）门口，等主候客。遇有买主便以木柜盖板的背面为案板，巧手用刀，将肉切如纸薄。人们买来下酒或者夹于"片儿火烧"（一种不带芝麻的火烧）之中而食，别有风味。早年间，真正的熏鱼儿乃是指熏好的黄花鱼，一条条地夹在秫秸秆上，以防破碎。此外还有熏虾、熏螃蟹，等等。不过这只是熏肉食中的一种，演变到后来，就根本不卖熏鱼儿等海味了，而是以卖熏猪头肉为主，兼卖熏猪肝、熏肥肠、熏猪脑儿、熏口条、熏鸡蛋、熏豆腐干等。此外还有熏苦肠，香中稍带苦味，人们买来切碎，掺在米饭里喂猫。

卖熏鱼儿的不只是有走街串巷的，也有开店的，早年间在广安门外莲花池附近的一家酒铺门前卖"熏鱼儿"，掌柜的姓陈，河北省三河县人，实际上是卖熏制的猪头肉、猪下水。来酒馆喝酒的多是赶大车、拉人力车、做瓦木工的，也就是所谓"卖苦力气"的劳动群众。到此喝"二两"（酒），买些熏猪头肉或下水佐酒，顺便把自己随身带来的干面食（饼或馒头、窝头之类）一起吃了充饥。

卖杂面

卖杂面

　　杂面是一种以绿豆为主制成的面条。饭馆里卖的杂面主要有两种，牛肉杂面和羊肉杂面。羊肉杂面制作方法是：把绿豆面和黄豆面以 8：2 掺匀，加水和成硬面团，制成细面条。羊肉洗净，切成小块放入开水中焯煮，将肉捞出，去掉锅中的原汤杂物，将酱油、盐、葱段、姜块、花椒、大料及焯过的肉放入锅内，加适量水用微火炖至肉烂为止。牛肉杂面制作方法是：把牛肚、大肠、牛肺等切成丁、块或条状，配上萝卜块儿，放在一个大锅里焖烂，焖的时间越长越有味道，牛杂中夹杂着萝卜的清香，清香中又渗透着牛杂的荤味，配着开胃的辣椒酱，热辣辣的牛杂入口即化，把你的胃熨帖得舒舒服服，酥酥的口感伴着扑鼻的香气，一口气来上两三碗绝对没问题。

　　北京人认为绿豆属于凉性，所以杂面是夏令食品，每到六七月间的午后，切面铺的伙计肩扛着长条筐箩，吆喝着"杂面，绿豆杂面！"出现在街头巷尾。普通人家吃杂面一般浇的是羊肉汆汤，肉不宜多，而汤要宽，调上辣椒油，加上一把香菜末，就是一碗又香又爽口的杂面条。在街头上也有卖杂面的小摊，和北京的众多小吃摊儿一样，也都是到了午后出摊儿。

　　杂面里有一种"银丝杂面"，是用杂豆面制成，据说乾隆皇帝每次到避暑山庄，都要派太监到热河街上去给他买杂面吃。从而成为了宫中的御膳，而这种御膳却是由民间传入宫中的。

烤白薯

烤白薯

白薯又称"红薯""山芋""甘薯"，在日本被称为"长寿食品"。《本草纲目》载，其有"补虚乏，益气力，健脾胃，强肾阴"的功效，可煎、炸、蒸、煮，当然，最妙的还是烤着吃。《宋高僧传·感通传二·唐南岳山明瓒》记载，唐时邠公李泌为避迫害，隐居到南岳。有一次，李泌拜谒懒残禅师，禅师从牛粪火中，拨出一个芋头，吃了一半后递给了李泌。李泌双手接过芋头，把它吃完，谢过禅师。禅师说："慎勿多言，领取十年宰相。"后来李泌果然如禅师所言，当了十年的宰相。宋代苏轼的《次韵毛滂法曹感雨》里写道："他年记此味，芋火对懒残。"清代杨焯《登碧岩》诗曰："只待懒残煨芋熟，柴门应见白云封。"唐代孙华《煨芋》诗曰："鹤陂豆饭堪同饱，富贵无心问懒残。"均提及这段故事。懒残即明瓒和尚，因其性疏懒而好食残余饭菜，人以懒残称之。他是一位得道的高僧，有人说北京的烤白薯是从明瓒的烤芋法留传下来的。

旧时北京卖烤白薯的是一大早出来做买卖，他们头戴毡帽，用大剪子夹白薯，在铁皮桶改造成的炉子里烤熟，趁热卖。烤白薯封炉的铁板上有一个洞眼，仔细看能看见一点猩红。要是买白薯，主人移开铁板，这才看到火炉里原来炉火熊熊，一排烤白薯睡在一片光明中，暗红色的烤炉与其上摆放的白薯同色，白薯大小各异，烤好的还会流淌出蜜汁，其中最吸引人的要数满街散发的甜香味，使人流连，总想买上一个，甜蜜、温暖就都有了。况寂落寞中，吃一块烤白薯，有时候胜过千言万语。

过水面

过水面

　　过水面是一种凉面，古人称之为"冷淘"。杜甫有诗赞曰："经齿冷于雪，劝人投此珠。"过水面是北京夏季的一种主要食品。天气转热后，油腻的食物让人实在没有食欲，不少人都想吃点儿凉快爽口的饭菜，不如自己在家动手做顿过水面吧！经济实惠，还可以根据自己的口味儿配料，感觉挺不错。制作美味儿的过水面其实很简单，可以购买现成的面条，也可以自己做手擀面，开水煮熟面后用凉水过几遍，使面条爽滑筋道。做过水面，配料很重要，可以用西红柿、鸡蛋做汤卤，喜欢吃酱卤的，也可以用大酱、肉丁做炸酱卤。配菜有黄瓜、香菜、韭菜、青椒、豆角、蒜薹。首先把菜切成细丝和小丁，豆角、蒜薹需要在沸水中过一下。另外，过水面还要靠蒜汁提味儿，把蒜去皮洗净，放入蒜白中加点儿盐，捣成泥，加入一些虾皮、醋、香油调匀，鲜香可口的蒜汁就搞定了。当然，你还要准备一个大碗，把面条和配料通通放进去调拌。麻酱面是老北京人夏天最家常的便饭之一，夏至过后，过了水的麻酱凉面成了人们餐桌上的常客。做法很简单，芝麻酱加入少许盐凉水（以精盐适量倒入凉开水中稍搅，自行溶解而成）；用筷子轻轻顺时针搅拌，待水分渍入酱里，再放少许盐凉水，搅至稀泥状时即可；面条用水煮熟后过凉开水，放在碗里，边用电风扇吹边翻挑；将黄瓜洗净切成细丝，如选用小萝卜可洗净去皮后再切丝；芹菜用热水焯一下再切成末；碗装凉面端至餐桌上，撒上黄瓜丝或小萝卜丝、芹菜末等；浇上醋、蒜，再浇上调好的芝麻酱，用筷子均匀搅拌。

馒头挑子

馒头挑子

馒头是我国的传统面食。它味道可口松软，营养丰富，是餐桌上必不可少的主食之一。

据说馒头是三国时诸葛亮发明的，《三国演义》载：诸葛亮平蛮回至泸水，风浪横起兵不能渡，回报亮。亮问，孟获曰："泸水源猖神为祸，国人用七七四十九颗人头并黑牛白羊祭之，自然浪平静境内丰熟。"亮曰："我今班师，安可妄杀？吾自有见。"遂命行厨宰牛马和面为剂，塑成假人头，眉目皆具，内以牛羊肉代之，为言"馒头"奠泸水，岸上孔明祭之。祭罢，云收雾卷，波浪平息，军获渡焉。明人郎瑛《七修类稿》记曰："馒头本名蛮头，蛮地以人头祭神，诸葛之征孟获，命以面包肉为人头以祭，谓之'蛮头'，今讹而为馒头也。"

蒸馒头先将发酵面（老面）加面粉、水和成面团，放入盆中或饬，待其发酵（发酵时间视室内温度和老面的多少而定）；取出发酵好的面团加碱揉透揉匀后搓成长条，揪剂子，摆在笼屉上，剂子口朝上，撒上青红丝，在旺火上蒸20分钟，取出即可。

老北京卖馒头的以山东人居多，高桩饧面是山东馒头的特点，同时也卖红糖馅儿的糖三角和顶部绽开，撒上青红丝的"开花馒头"，卖馒头的有推车叫卖的，也有背筐串胡同的，还有馒头挑子，一根扁担，两头各挑一个木制的圆笼，里面是一屉一屉的热馒头，有的卖馒头的也用抽签的方法来招揽顾客。

涮锅子

涮锅子

　　火锅在南北方均有，但称"涮锅子"的只有咱老北京。在饭馆里一听见吆喝："支个锅子！"这肯定叫的是咱北京涮锅子。涮锅子主要是涮羊肉，羊过去讲究用内蒙古集宁产的小尾绵羊，还得是羯羊——阉割过的公羊，据说这种羊没有膻味。一只羊身上能涮的只有上脑、小三岔、大三岔、磨裆、黄瓜条五个部位，约十五斤肉，都是肉质细嫩，瘦中带肥的。羊肉的传统片法要先冻上再片，半斤肉能片出六寸长、一寸半宽的肉片四十到五十片，讲究薄、匀、齐、美。这种肉片一烫即熟。再一种片法是手工鲜切，自然会厚一些，涮的时间也长一些，但并不影响口感的鲜嫩，增加了一点嚼头，更香。不像第一种，搞得不好像吃木头渣子似的。除了肉，还有人喜欢涮羊脑、羊腰、羊尾、羊宝。早年涮锅子就有涮牛肉的，只是以羊肉为大宗。这十几年，北京城时兴涮肥牛，所谓"肥牛"其实是专门饲养的肉牛脖子后边的一块肉，特点是切出片来以瘦为主，瘦肉里均匀地散布着雪花状的肥肉，不仅外观漂亮，涮起来极嫩，瘦而不柴，入口即化。市面上有用牛腩卷成卷，冻实切片冒充肥牛的，一涮就散，更甭提入口即化了。牛腱子涮起来也别有风味，有人叫它"牛脆肉"，瘦肉中带筋，涮熟后并不老，还真有点脆劲儿。传统涮锅调料有芝麻酱、绍酒、酱豆腐、腌韭菜花、酱油、辣椒油、卤虾油、米醋以及葱花、香菜末等。说完用料再说锅底儿，真正的老北京的涮锅子，绝对不会出现红汤。端上来基本就是清水一锅，漂些个葱段、姜片，有的还有些冬菇口蘑之类。

香瓜挑

香瓜挑

　　香瓜又称"甘瓜"或"甜瓜"，属葫芦科，一年蔓生草本植物。由于清香袭人，故名"香瓜"。香瓜是夏令消暑瓜果，其营养价值可与西瓜媲美。据测定，香瓜除了水分和蛋白质的含量低于西瓜之外，其他营养成分均不少于西瓜，而芳香物质、矿物质、糖分和维生素C的含量则明显高于西瓜。各种香瓜均含有苹果酸、葡萄糖、氨基酸、甜菜茄、维生素C等丰富的营养成分，对感染性高烧、口渴等，都具有很好的疗效。多食香瓜，有利于人体心脏和肝脏及肠道系统的活动，促进内分泌和造血机能。中医确认甜瓜具有"消暑热，解烦渴，利小便"的显著功效。香瓜果肉生食，止渴清燥，可消除口臭，但瓜蒂有毒，生食过量，即会中毒。根据《高丽史》记载推测，香瓜在三国时期经中国引进到韩国，由于其特有的香味和爽口的口感，它与西瓜一起成为夏季人们喜爱的水果。

　　香瓜在阴历五月上市，小贩从果子市批发来后上街零售。香瓜挑的香瓜论个卖，小贩的叫卖声是很长的一串："甘蔗味儿来，白沙蜜的，好吃来！蛤蟆酥的早香瓜来 ——"吆喝的都是香瓜的名字。北京香瓜的品种有白沙蜜、竹叶青、蛤蟆酥、青皮脆、老头乐等；颜色有白、黄、绿；味道有脆、酥、面等。

西瓜摊

西瓜摊

西瓜又叫"水瓜""寒瓜""夏瓜",因在汉代从西域引入,故称"西瓜"。西瓜味道甘甜多汁,清爽解渴,是盛夏的佳果,既能祛暑热烦渴,又有很好的利尿作用,因此有"天然的白虎汤"之称。西瓜除不含脂肪和胆固醇外,几乎含有人体所需的各种营养成分,是一种富有营养、纯净、食用安全的食品。西瓜果实为夏季主要水果。瓜子可作茶食,瓜皮可加工制成西瓜酱。在中医学上以瓜汁和瓜皮入药,功能清暑解热。西瓜可清热解暑,除烦止渴:西瓜中含有大量的水分,在急性热病发烧、口渴汗多、烦躁时,吃上一块又甜又沙、水分十足的西瓜,症状会马上改善;西瓜所含的糖和盐能利尿并消除肾脏炎症,蛋白酶能把不溶性蛋白质转化为可溶的蛋白质,增加肾炎病人的营养;西瓜性寒,味甘,归心、胃、膀胱经;具有清热解暑、生津止渴、利尿除烦的功效;主治胸膈气壅、满闷不舒、小便不利、口鼻生疮、暑热、中暑、解酒毒等症。

西瓜在六月上市,卖瓜的一般在城门脸儿、树荫下,或者在街头搭个布棚子摆摊儿,把西瓜切成块儿零卖。西瓜摊大多是独轮的平板车,上面铺蓝布,用水浸湿,显得干净凉爽。在摊上后面是用草圈垫着摆一溜整个的瓜,前面码一排切好的瓜块,有的还用木盆盛着冰块,卖冰镇西瓜。卖西瓜的吆喝起来是这样的:"沙口的甜月饼馅儿来!块儿大咧,青皮红瓤疙瘩蜜来!""斗大的西瓜船大的块儿来!"

果子干、大芸豆

果子干、大芸豆

旧日的北京一到冬季，市面上就见不到鲜果了，能调味解馋的不过是些冰糖葫芦、冻柿子了。果子干是由杏干、柿饼、鲜藕和葡萄干等果品制成的。由于原料大多产于秋冬季节，加之做好的果子干镇凉了吃最可口，因此人们都在数九之后才做这种小吃。果子干也是北京小吃中夏季食用的品种，《燕都小食品杂咏》中咏果子干的诗说："杏干柿饼镇坚冰，藕片切来又一层。劝尔多添三两碗，保君腹泻厕频登。"《北京土语辞典》十分准确地解释了它的做法："果子干：以柿饼为主，加入杏干，用温开水浸泡，最后加鲜藕片，调成浓汁，味甜酸，为老北京夏季食品。"柿饼呈琥珀色，大甜杏干呈橙红色，加上雪白的藕片，上浇糖桂花汁，放在果盘里用冰镇着，吃到嘴里凉丝丝、脆生生、甜酸爽口，所以很受欢迎。京城果子店多有出售，以东珠市口的"金龙斋"最出名。大芸豆的做法是：大芸豆500克，枸杞少许，大料、桂皮、葱、姜、盐、味精各适量。大芸豆洗净，用凉水泡至饱满。将芸豆放入锅内加水、调料煮1小时左右，出锅前10分钟放入枸杞即可。

走街串巷的小贩，把果子干、大芸豆装在漂亮的庙花瓷盆里，用水牛角做的勺舀取，色彩丰富的食品，洁净透亮的用具，对比鲜明，诱人垂涎，手持两只铜冰盏，上下颠动，敲出有节奏的响声，十分引人。过去称这些小贩是"打冰盏儿"的，他们除卖果子干，还卖酸梅汤、玫瑰枣、煮海棠、泡大红干，都是老北京人夏季食用的小吃。

果局子

果局子

　　北京这地方各种买卖不是称这个铺、就是那个店，唯独卖水果的商店曰："果局子"，这大约和这个行业讲究干净、豁亮有关系。北京的果行大致分为两类：一种是直接供应用主购买的"果局""果摊"和"果挑"；一种是代客行销、批售发卖的"南北市果店"。前清时代只有果局，北京人通称为"果局子"，发售南鲜北果、河鲜时物，并且成为世传职业，如"果局子刘""果王"，都是很有名的。

　　果局子都不大，一般有一两间门脸，前半部卖货，各种水果都摆在一个坡形的货架上，顶部是一排大镜子，正好照看下面的水果，镜里镜外两相辉映，显得多彩与丰盛。一到秋天，鲜果都上市了，光鸭梨、白梨、广梨，在北京就有几种，还有苹果、沙果、葡萄；入夜，雪亮的灯光一照，果局子那真叫晶莹透剔、金玉满堂。即便不买，看一看也是满足。您要买，掌柜的拿出一个蒲包，里面垫一张荷叶，再码放水果，上面用厚厚的粗草纸包好，浮头盖一张印着"某某果局四时鲜果，一应俱全"的大红纸，四四方方周周正正，这份礼送到哪儿都不寒碜。等果子下来了，果局子门口支起了炒栗子的大锅，糖炒栗子的味道飘满街头代替了水果的清香。早年果局子做的是名誉字号，各有存货，自办窖货，不卖劣果，不欺顾客。

水萝卜辣了管换

水萝卜辣了管换

　　老北京有一句俗语"萝卜上了市，药铺关了张"，用来形容萝卜的药用价值。萝卜能诱导人体自身产生干扰素，增加机体免疫力，并能抑制癌细胞的生长，对防癌、抗癌有重要作用。萝卜中的芥子油和精纤维可促进胃肠蠕动，有助于体内废物的排出。常吃萝卜可降低血脂、软化血管、稳定血压，预防冠心病、动脉硬化、胆石症等疾病。水萝卜皮为粉绿色，里面紫红，十分好看，故而又叫"心里美"。心里美萝卜水分大，甜丝丝的，脆灵灵的，富含维生素 C，比一般水果中所含维生素 C 还多。萝卜中的维生素 A、维生素 B 以及钙、磷、铁也较丰富，此外还含有一种有助于消化的淀粉酶和多种营养素，能分解食物中的淀粉、脂肪，有利于人体吸收。萝卜中还含有芥子油，它能促进胃肠蠕动，增加食欲，帮助消化，作为冬季的生食蔬果是再好不过了。

　　"萝卜赛梨，辣了管换！"一到秋冬季，北京的街头巷尾就响起了这样的吆喝声。卖水萝卜的小贩活挑挑儿，或背着一个木箱子，卖供人们生吃的水萝卜。老北京人喜欢生吃水萝卜，又脆又甜，和水果一样。卖水萝卜的削皮有特技，并不把皮削掉，而是一条条的削到根部，托起来像莲花瓣，然后在萝卜上竖切几刀，这时候的萝卜就像一朵盛开的牡丹花，十分好看。这样削好的萝卜可以一根一根的瓣着吃，又卫生又方便。这种萝卜说它赛梨一点儿也不夸张，又甜又脆，爽身透气。

围炉子吃冻柿子

围炉子吃冻柿子

　　柿子是人们比较喜欢食用的果品，甜腻可口，营养丰富，不少人还喜欢在冬季吃冻柿子，别有味道。柿子的营养素十分丰富，是有益心脏健康的水果。柿子含碘，因缺碘引起的地方性甲状腺肿大患者，食用柿子很有帮助。一般人经常食用，对预防碘缺乏也大有好处。柿子有养肺胃、清燥火的功效。可以补虚、解酒、止咳、利肠、除热、止血。柿饼具有涩肠、润肺、止血、和胃等功效。柿子能促进血液中乙醇的氧化，帮助机体对酒精的排泄，减少酒精对机体的伤害，能够醒酒解醉；柿子含有黄铜贰，可降低血压，软化血管，增加冠状动脉流量，且能活血消炎，改善心脑血管功能，防治冠心病、心绞痛。

　　北京的西山、北山柿子的产量最丰。柿子初收上市，小贩叫卖："赛倭瓜的大柿子 —— 涩了换喇！"及至霜降过后，叫卖改为："喝了蜜啦 —— 大柿子！"到了冬令，经过严寒，柿子汁液冻结，用快刀切成薄片，食之凉彻心脾，且有润燥、利大便之功效。北京冬天家家都生煤球炉子取暖，如果雪少，天气干燥，人们就想吃点儿凉东西，例如水萝卜、拌白菜丝，最过瘾的就是冻柿子了。入了冬，有的人家就买了许多柿子码放在室外的窗台上，一上了冻，柿子就冻得跟石头蛋子似的了。冬天天黑得早，晚上大家坐在火炉边上聊天时，拿来几个冻柿子放在冷水里，等柿子化了之后，就可以吃了。甜丝丝、凉生生的柿子蜜汁吃进嘴里，十分爽快，真是别有风味。

卖冰核

卖冰核

　　"来核儿来喔，冰核味儿来喔。"夏季老北京城的胡同中经常可以听到这种吆喝声，听到这种吆喝声，人们就知道是卖冰核儿的小贩过来了，暑热难耐的人们有的就要出去买点儿吃，以解暑热，冰核儿是早年间北京夏天的一种消暑小吃。那时北京没有人造冰，更没有什么冰棍、冰激凌之类的冰点心。夏天用的冰全靠冬季贮存。数九寒天，前三海后三海就出现了打冰的人，他们把冰切成长方形的块，运到附近冰窖里去储藏，入夏再拿出来卖。卖冰核的多是小孩，他们先从冰窖里买冰，然后用蓝布盖着，挎着筐，或推着独轮小车到处去卖。卖冰核的孩子怕冰化掉，不顾渴热，满街奔跑。他们不喊冰核，而是吆喝"甜核儿嘞！"谁要买冰，他们就用冰镩子凿下一块。买冰核的也大多是小孩儿，把冰块儿含在嘴里解热解渴。还有些十来岁的孩子，挎着个竹篮，里头放着大块冰，手里拿着个"冰穿儿"，喊着"卖冰核来！"你花两个大子儿，就可以买回家去一块儿，冰镇酸梅汤喝了。

挎篮卖糖葫芦

挎篮卖糖葫芦

　　冬天，蓦地传来一声"葫芦哎 —— 冰糖的！"随着吆喝，出现了一位挎篮卖糖葫芦的小贩，篮子是鹅蛋形的，有很宽的提梁，篮子里摆着、提梁上插着一串串的糖葫芦，有红果的、山药的、山豆子的、橘子的、荸荠的，还有红果夹馅的，在小贩手提电石灯的映照下，亮晶晶的，十分诱人，寒冷的冬天吃上一串又酸又甜的冰糖葫芦别有滋味。这挎篮卖糖葫芦的小贩经常出现在前门一带的旅店、戏园、茶楼、酒肆，刺激买主多吃几串，和卖烧鸡的一样，卖糖葫芦的也带着一签筒，竹签是装在布袋中放在签筒里，买主可以抽签碰碰运气，看能抽上几串，是最便宜的山里红，还是最贵的夹着豆沙核桃馅的。一些干鲜果铺也卖糖葫芦，那是一排排码在玻璃罩里。糖葫芦的制作方法是将白糖或者冰糖熬成糖稀，趁热将串好的水果在糖稀里翻滚一下，放在抹了油的石板上，凉了即成为晶莹透亮的糖葫芦。学问全在糖稀的熬制上，稠了蘸不起来，稀了挂不住。

老茶馆

老茶馆

中国的茶馆由来已久,据记载两晋时已有了茶馆。自古以来,品茗场所有多种称谓,茶馆的称呼多见于长江流域;两广多称为"茶楼";京津多称为"茶亭"。此外,还有茶肆、茶坊、茶寮、茶社、茶室、茶屋等称谓。茶馆与茶摊都是专门用来喝茶的。不过茶馆与茶摊相比,有经营大小之分和饮茶方式的不同。茶馆有固定的场所,人们在这里品茶、休闲等。茶摊没有固定的场所,是季节性的、流动式的,主要是为过往行人解渴提供方便。老北京的茶馆不仅供茶客品茶,而且其文化内涵极丰富。朋友之间交流感情结义,房屋买卖,合伙做生意签订合同,同业议事等都可在茶馆中进行;也可在茶馆里对弈、静听鸟鸣和欣赏文娱节目等。北京是清代的政治中心,茶馆集中而且品级俱全,食禄不做事的八旗子弟整天泡在里面,清代北京的茶馆就是末代皇朝历史的缩影。北洋军阀、国民党时代,茶馆又是政客官僚出入的场所。北京的茶馆是一种多功能的饮茶场所,是一种市民气息很浓的茶文化,充满着中国传统文化的情调,不但数量多,而且种类齐全。有大茶馆、清茶馆、书茶馆、棋茶馆、季节性临时茶馆、避难茶馆和野茶馆等,更有为数众多的季节性茶棚。茶馆大多供应香片花茶、红茶和绿茶。茶具大多是古朴的盖碗、茶杯。茶馆为茶客准备了象棋、谜语等,供茶客消遣娱乐。规模较大的茶馆建有戏台,下午和晚上有京剧、评书、大鼓等曲艺演出。许多演员最初是从茶馆里唱出名气来的。清朝末年,北京的"书茶馆"多达六十多家。

野茶馆

野茶馆

　　所谓"野茶馆"，就是在荒郊野外、大道边上和各个城门外头开的茶馆。特别是南城外头，像什么左安门、永定门、广安门这几座城门外头"野茶馆"特别多。这些荒郊道旁的"野茶馆"大都很简陋，两间用土坯垒的小茅草房。屋里有那么三四张"白碴"（木头的原色）桌子，几条大白碴条凳，一个大火炉子上面坐着几个大铁壶，里边的开水咕嘟咕嘟冒着泡儿，一个大长条桌上放着一个大茶叶罐，里面装的是满满的"高碎茶叶末"。两大摞挂绿釉的大粗陶海碗，几个同样挂绿釉的大沙包儿茶壶。遇有客人走累了进来歇歇脚儿，伙计就赶紧抓一把茶叶末扔进沙包儿壶里，沏上滚开的热水，拿一大海碗给客人满满的斟上一碗茶，痛快得喝口儿、歇会儿。再有就是南城外的"野茶馆"，天不亮就开门儿，因为南城外边净是菜地，菜农们在蔬菜旺季，每天半夜就起来开始摘菜，然后用扁担挑着菜筐进城，趁着鲜活赶早儿好多卖俩钱儿。可是来太早城门还没开呢！怎么办呢？于是就到路边的"野茶馆"里歇息，来壶大碗热茶，再从怀里掏出从家里带的贴饼子、老咸菜，一吃一喝，算是早点了。等吃完了、喝完了，城门也开了，赶紧进城卖菜。还有一种"野茶馆"开在郊外的高坡上，像陶然亭的"窑台茶馆"就是这样的。它除了招待过往的行人、客商以外，再有就是一些文人雅士，像老舍先生、沈从文先生、金受申先生等等过去都是那里的常客。尤其是这些文人墨客常在初春时节三五知己结伴踏青而来，并用自备的用具及饮品小酌一番，吟诗答对无不畅快。

大碗茶

大碗茶

　　大碗茶是中国特色茶文化之一，风靡于新中国成立前后的老北京，茶有两种，一种是煎茶，即把茶叶投入开水直接煎熬；还有一种是特有成茶，是由大碗盛有煮好的茶加盖上玻璃等待过路口渴的行人。喝茶时一人一个大茶碗。一般情况下是2分钱一碗。大碗茶文化伴随着那个纯朴的年代而产生，随着时代的发展，这种文化形式渐渐为各种冷饮店所取代。早年间北京卖大碗茶的都是挑挑儿做生意。什刹海海沿上、各个城门脸儿附近、天桥一带，常能碰见挑挑儿卖大碗茶的，一般都是老头或是小孩，挑子前头是个短嘴儿绿釉的大瓦壶，后头篮子里放几个粗瓷碗，还挎着俩小板凳儿。一边走一边吆喝。碰上了买卖，摆上板凳就开张。北京人出门在外，不管是出差，还是逛公园、逛商店，走得口干舌燥的时候，要是碰上卖大碗茶的，那就得猛灌一气。这种喝法儿是救急的，所以喝得多，喝得快；茶好不好、水好不好都在其次，至于使什么茶具那就更不在乎了。大碗茶多用大壶冲泡，或大桶装茶，大碗畅饮，热气腾腾，提神解渴，好生自然。这种清茶一碗、随便饮喝、无须做作的喝茶方式，虽然比较粗犷，颇有"野味"，但它随意，不用楼、堂、馆、所，摆设也很简便，一张桌子，几张条木凳，若干只粗瓷大碗便可，因此，它常以茶摊或茶亭的形式出现，主要为过往客人解渴小憩。大碗茶由于贴近社会、贴近生活、贴近百姓，自然受到人们的称道。即便是生活条件不断得到改善和提高的今天，大碗茶仍然不失为一种重要的饮茶方式。

余水沏茶

汆水沏茶

　　所谓的汆水沏茶是指煮水用具而言的，这种用具名叫"水汆子"。这是一个高约半尺，直径寸余，用洋铁皮焊成的小铁桶，桶口有一个长把。北京人好客讲礼儿，家里来了客人必须要沏茶。在过去北京市民都是使煤球炉子，用铁壶烧水，这样把水烧开太慢了，在当时一般人家又买不起暖水瓶，家里不是随时都有开水，在这个时候就用上水汆子。把水汆子灌满水，塞进煤球炉子的火眼里去，由于水少，水汆子与火的接触面积大，受热快，很快就能把水烧开了，一水汆子的开水能沏上一壶水，沏好了茶之后再去烧下一汆子水。随着人们生活水平的提高和燃料的改变，水汆子早已成为了历史。

快壶烧水

快壶烧水

　　老百姓居家过日子，谁家也不免有事儿，例如红白喜事、砌墙盖房子，家里来了很多客人，按照老北京的礼仪，来了客人就要沏茶，这是起码的待客之道。可是穷家小户的，怎么样才能够供得上众多客人的茶水呢？ 北京人有办法，他们用"快壶烧水"来解决，这种"快壶"是用白铁皮焊成的，设计得很科学，实际上就是一个有嘴带把儿的小茶炉，在壶肚子中间是上下相通的火道，既加大了壶壁与火的受热面积，又起到了烟筒和拔火筒的作用。在烧水的时候，用几块砖头把壶架起来，在下面烧劈柴。上面还可以再加上一个拔火筒往上拔火，火通过火道，很快就能烧开一大壶水。因为这壶开水是用劈柴作为燃料烧开的，所以在水里带有一股子烟熏的味道，因而冲茶的时候就不能享受到那个"沏"字了，只能够叫"浇"，这就是所谓的"快壶烧水"。这种快壶不是每个家庭都有，也许在一条胡同里只有一家人家有，有谁家要办事的时候，可以去借用。

郊野酒馆

郊野酒馆

在过去，北京城没有现在这么繁华，一出了城圈儿就是荒郊大野地了。出了城门，过了关帝庙。眼前所见就是黄土飞扬的朝天大路了。由于这里是人们进城出城的必经之路，正所谓"有人流就有商机"，一个酒幌子伸出路边，这就是郊野酒馆的招牌。与其说是"酒馆"，倒不如说是酒棚、酒摊更为确切，因为设备实在是太简陋了。几块板子支个摊子，跟前放一条长板凳，摊子上摆一个黑釉的大酒坛子，旁边的火炉子上坐着一盆子热水，随时为顾客烫酒。在这里只备有几样简单的现成下酒菜，也就是煮花生、开花豆、豆腐皮、老腌鸡蛋之类的。郊野酒馆的主顾主要是过往的行人，他们一般都是来去匆匆，在这里喝酒主要是图个方便。那才叫喝酒呢，三口两口一杯酒就下肚了，驱驱寒气，歇歇乏，掉头就走。这种郊野酒馆还起到了一种公路标的作用，出城的人看见了郊野酒馆就知道已经到了乡下了，不免觉得有些凄凉；进城的人看见郊野酒馆，就知道已经离城门不远了，也是一种安慰。

大酒缸

大酒缸

　　什么是大酒缸？难道是很大的装酒的缸吗？非也。它是老北京一种低级别的酒馆，不设桌子，而把存放酒的缸埋一半在地下，再在缸上边盖一个圆形的盖子。喝酒的人以矮的凳子围坐四周，主要是喝酒聊天，配以最简单的酒菜。金受申先生曾介绍说："华灯初上，北风如吼，三五素心，据缸小饮，足抵十年尘蒙。老北京人认为在大酒缸喝酒，如不据缸而饮，就少了几分兴致。顾客坐在酒缸周围的方凳上，一边尝菜品酒，一边与其他酒友闲聊，交谈着社会新闻、掌故轶事、内幕消息、商业行情。这里没有高下尊卑、贵贱贤愚之别，人们不论相识与否，都一见如故。一到严冬季节，北风呼啸，雪花纷飞，夜晚去酌上二两，再要两条小酥鲫鱼，一碟韭菜拌豆腐佐酒；店内炉火熊熊，掌柜满面春风，听着酒友们山南海北地闲扯，什么张大帅、吴大帅、袁良市长枪毙般焕然，等等。这确实是驱寒的好地方。大酒缸卖的是原封'官酒'，绝不掺入鸽粪、红矾等强烈杂质，兑水是免不了的。大酒缸所以能号召人，是在小碟酒菜和零卖食品，不但下层市民欢迎，而且文人墨客也认为富有诗意。大酒缸的酒菜，分'自制'和'外叫'两种。此外还带制'清水饺子'，一角钱可买二十个……"经营大酒缸的多是山西人，这一点非常重要。因为山西人一能吃苦，二是会计算。所以这种饮食业也只适合他们来干。

剪窗花

剪窗花

在早年间，人们住的房子都是木棂窗，安装玻璃的面积很小，其余的部分全都糊窗户纸，在过年的时候，人们总要把这个部位装饰一下，贴上好看的窗花，透着那么红火、喜兴。"剪窗花"是民间剪纸艺术的一种。流行于我国西北各地，以陕西为著，许多人家的窗户上都贴有窗花。特别是在过年的时候，剪窗花，在窗户上贴剪纸已成为一种习惯，剪纸成为了点缀品，所以西北人习惯称它为"窗花"。窗花的花样有"鸟兽、虫鱼、花卉、吉祥图案、适合纹样"等。既富有画意，又很有装饰趣味。因地域不同，南北风格各异，剪纸一般是南秀北挺，均具欣赏性。

北京人也有剪窗花的习俗，过大年图个红火，把自己的陋室装饰一番，以求在新的一年里诸事顺遂。装饰房屋除去了贴年画、贴对联之外，主要就是由妇女们自己动手剪窗花贴在窗户纸上、玻璃上。窗花的样式有：喜鹊登梅、吉祥葫芦、事事平安（柿子与花瓶），还有鸡、羊、猪、鱼等动物（取吉祥、富足、有余之意）。因为家家都要剪窗花，贴窗花，自然而然地在女人之间就形成了一种比赛，谁家的窗花剪得细致、花样好看、寓意好，就证明谁家的女人心灵手巧。

卖花

卖花

　　"卖鲜花"是老北京城的一门儿生意。始自春末夏初直至秋凉，都是卖花儿的季节。以卖花儿为业的小贩，依照不同的时令，将应时的鲜花采撷下来；花束用马莲捆绑，铺盖洁净的蓝花布以蔽日，清晨便开始沿街叫卖。推车或挑担的，多卖大路货，吆喝声响亮打远儿："花儿嘞！卖花儿！"所售花卉的品种有粉红色的绣球、西蕃莲；黄色的夹竹桃和各色茉莉、含羞草、菊花，等等。还有一类小贩，多为中年妇女，肩挎一个竹篮，篮内有一块冰，冰上放着几个饭盒大小的铁匣子，分别装有乳白色的玉兰花苞，花香扑鼻；薰茶叶的白茉莉花，香味浓郁。再有就是晚香玉、玉簪花、指甲花等，都是女人喜爱的花卉。在铁匣上蒙一层湿布，以防止匣内鲜花锈黄。这才是姐姐妹妹们梦寐以求插在鬓间的鲜花，幽香迷人。可是到了寒冷的腊月里，那声熟悉的吆喝声就听不到了，那缕萦怀的馨香也闻不见。北京人爱花儿，院子里有点儿空地总要种上一些花草，以美化环境。大多是什样锦、草茉莉、凤仙花等草花。北京人也爱买花儿，卖花儿的大多是丰台黄土岗一带的花农，一声"赛牡丹的芍药花儿来！"喊开了千门万户，有一首竹枝词描绘了卖花的情景："芍药当春色倍娇，佳人头上斗妖娆。丰台一片青青夜，十字街头整担挑。"

拜年

拜年

　　拜年是老北京民间的传统习俗，是人们辞旧迎新、相互表达美好祝愿的一种方式。小辈出门谒见亲戚、朋友、尊长，以吉祥语向对方祝颂新年，卑幼者还要叩头致礼，谓之"拜年"。主人家则以点心、糖食、红包（压岁钱）热情款待之。遇有同辈亲友，也要施礼道贺。大年初一，人们都早早起来，打扮得整整齐齐，出门去走亲访友，进行拜年。拜年的方式多种多样，有的是同族长辈带领若干人挨家挨户地拜年；有的是同事相邀几个人去拜年；也有大家聚在一起相互祝贺，称为"团拜"。

　　拜年很有讲究，选择合适的时间乃拜年的第一要素。由于平时劳碌，年节期间人们一般起得较晚。若过早登门拜年，往往让主人措手不及。有人喜欢选择晚上拜年，一坐好几小时，也难免影响主人休息。做客逗留时间一般以30—40分钟为宜，这样，既不失礼貌，又不影响主人接待其他客人，拜年时，若进门问声"新年好"，旋即匆匆离去，会给人以"缺乏诚意"的感觉。礼物也应得体。给长辈、教师、师傅拜年时，应适当带点礼物。礼物既不宜太昂贵豪华，又应能"拿得出手"。拜年礼物还应讲究卫生，比如，别人送给自己的糕点，一般不宜转送他人，否则食品在"旅游"中难免会腐烂变质；给年迈或患病者拜年，所送的水果等应该有益于对方强身健康，以免造成浪费甚至引起误解。拜年时，邻里相坐、同学相逢、朋友相聚，皆应"过年言好事，出口称吉祥"。

访友

访友

　　北京人讲究礼数，访友也是一件大事。"三节两寿"是正日子口，自不必说，该什么辈分送什么样的礼；就是平常去看朋友也不能空着手，最起码的是在胡同口鲜果铺提拎个"蒲包"。所谓的"蒲包"是用苇子编织的软包，一个蒲包里可以装上三五斤苹果、鸭梨之类的水果，外面盖上一张印着字号名称的红纸，用彩色绳子一结，漂漂亮亮，很有面子。如果是重要的朋友或者是长辈，还要到点心铺装个果匣，总之不能显得寒碜。一进院门就要高声招呼："×× 在家吗？"以防人家不方便。被访的那位朋友赶快降阶相迎，作揖打拱，双方把家中所有的人都要问候一个遍，这才让进上房，敬茶敬烟。临别时不管有没有诚意，主人必定要留饭，客人一般都是固辞。起身后主客必定相让三次才能分手，一次是在正房的阶前，客请留步，主人执意要送；二次是在二门前；三次是在大门外，这才行礼如仪彼此道别。

朝山进香

朝山进香

　　京西妙峰山上建有灵感宫，即碧霞元君祠，俗称"娘娘庙"。供奉有被人们奉为"万能之神"的碧霞元君娘娘。每年春秋两季的庙会规模居华北之冠，数以十万计的香客、数以百计的香会涌向香烟缭绕的妙峰金顶娘娘庙，去朝顶进香，祈福纳祥。《妙峰山琐记》中说："妙峰山者，神京巨镇，宛邑名山，取向苏迷，去天咫尺，濮亲渊寝，神微两代飞龙，岱岳宫祠圣感八方蚁聚，王气所钟，神灵斯萃。"因而吸引着半个中国内的信奉者来此朝顶进香，每年春秋两季庙会（以春香为主），北京的香客、外省的香客，纷纷赶往妙峰山，到山下，分六条香道上山，北京的香客往返一次要三天，天津的香客一般需要十天，外省市的香客一般提前一个月就要动身，赶往京城，往返要两个月左右。

　　妙峰山进香为民间自发的活动，让廉《京都风俗志》载："城内诸般歌舞之会，必于此月登山酬赛，谓之'朝顶进香'。"进山朝顶的多由北京市内出发，武会（花会）且走且练，文场在前，鼓钹齐奏。进香一般有程序，有沿路祠祀、众火落宿、登山、报号、朝顶、进香、回香、酬山等过程，朝顶进香者人山人海，浩浩荡荡，无首尾之分。到了山脚下，有钱的可以坐山轿（俗称"爬山虎"），更有虔诚的香客从山下开始，一步一叩首直到金顶娘娘庙。正如清代富察敦崇《燕京岁时记》所说的："庙在万山中，孤峰矗立，盘旋而上，势如绕螺，前者可践后者之顶，后者可见前者之足。自始迄终，继昼以夜，人无停趾，香无断烟，奇观哉！"

乞巧

乞巧

　　农历七月初七，俗称"七夕""乞巧节"或"女节"。因这天的许多习俗跟妇女相关，现代作家邓拓的《燕山夜话》及欧阳山的《三家巷》，都称"七夕"为我国古代的妇女节。"七夕"之所以成为节，源于牛郎织女的传说。汉代的《古诗十九首》之一道："迢迢牵牛星，皎皎河汉女。纤纤擢素手，札札弄机杼；终日不成章，涕泣零如雨。"可见，这一传说早在汉代就很流行了。从《淮南子》《荆楚岁时记》等古籍记载反映，七夕之俗，确实与牛郎织女的民间传说有关。按照旧时的风俗，农历七月初七日夜（或七月初六日夜），穿着新衣的少女们在庭院向织女星乞求智巧，称为"乞巧"。乞巧的方式大多是姑娘们穿针引线验巧，做些小物品赛巧，摆上些瓜果乞巧，各个地区乞巧的方式不尽相同，各有趣味。近代的穿针引线、蒸巧馍馍、烙巧果子、生巧芽以及用面塑、剪纸、彩绣等形式做成的装饰品等亦是乞巧风俗的延伸。

　　北京的乞巧是在七月初七的中午时分，把一碗水放到太阳底下去晒，女孩子们把绣花针轻轻地放在水面上，在水面张力的作用下，绣花针会漂浮在水面上，针影映在碗底上，通过观看针影的形状来判断姑娘的拙与巧，如果针影像花、像云、像细线，这说明这位投针的姑娘是一位巧妇。如果针影像棒槌，那就表示投针者是个笨丫头。乞得巧的姑娘会喜笑颜开，没有乞得巧的姑娘会躲到一边去擦眼泪。巧与不巧全由天上的织女说了算。

重阳登高

重阳登高

农历九月初九是我国传统的重阳节，又名"重九节""登高节""菊花节""茱萸节"。我国古代把"九"定为阳数，农历九月九日，月日并阳，两阳相重，两九相叠，故名"重阳"，又名"重九"。汉末曹丕在《九月与钟繇书》中说："岁往月来，忽复九月九日。九为阳数，而日月并应，俗嘉其名，以为宜与长久，故以享宴高会。"重阳节时，正是金秋送爽、丹桂飘香、风霜高洁之际，宜登高望远，赏菊赋诗。在我国，早在战国时代就形成此节。到汉代，逐渐盛行。《西京杂记》说，汉高祖刘邦的爱妃戚夫人被吕后残害死后，她的侍女贾佩兰也被逐出宫，嫁给平民为妻。一次她谈起每年九月九日，在皇宫中佩茱萸、食蓬饵、饮菊花酒，以求长寿的事情。到了魏晋时代，登高的日期已专定在农历九月初九日。《荆楚岁时记》说，九月九日，士农工商各行业的人都到郊外登高，设宴饮酒。明代皇宫初一吃花糕，九月重阳，皇帝亲自到万岁山登高。此风一直流传到近世。每到这一天，人们出游登高，赏菊花，饮菊花酒，佩茱萸，吃重阳糕。清代，皇宫御花园内设有供皇帝重阳登高的假山。在民间，早期以登阜成门外五塔寺和左安门内法藏寺为盛，晚清以登陶然亭、蓟门烟树（德外土城）、八大处等为多。古人写九九登高的诗句很多，最著名的当属唐代诗人王维的《九月九日忆山东兄弟》："独在异乡为异客，每逢佳节倍思亲。遥知兄弟登高处，遍插茱萸少一人。"

中秋赏月

中秋赏月

　　每年农历八月十五日，是传统的中秋佳节，又叫"八月节"。此夜，人们仰望天空如玉如盘的朗朗明月，期盼家人团聚。远在他乡的游子，也借此寄托自己对故乡和亲人的思念之情，所以，中秋又称"团圆节"。相传古代齐国丑女无盐，幼年时曾虔诚拜月，长大后，以超群品德入宫，但未被宠幸。某年八月十五赏月，天子在月光下见到她，觉得她美丽出众，后立她为皇后，中秋拜月由此而来。月中嫦娥，以美貌著称，故少女拜月，愿"貌似嫦娥，面如皓月"。在唐代，中秋赏月、玩月颇为盛行。在北宋京师，八月十五夜，满城人家，不论贫富老小，都要穿上成人的衣服，焚香拜月说出心愿，祈求月亮神的保佑。南宋，民间以月饼相赠，取团圆之义。有些地方还有舞草龙、砌宝塔等活动。明清以来，中秋节的风俗更加盛行；许多地方形成了烧斗香、树中秋、点塔灯、放天灯、走月亮、舞火龙等特殊风俗。

　　北京人也有中秋拜月的习俗，八月十五夜晚，玉兔东升，明月高挂之时，拜月的仪式便开始了，一般都是在院子里摆设香案，摆上供品，全家人聚集，望空遥拜月神。月饼最好要选用刻有蟾宫桂树图案的，这种月饼直径有一尺多，供在案头致祭，此外还要供上兔儿爷的神码。北京有"男不拜月，女不祭灶"之说，因为月亮在道教中被称为"太阴星君"，而男人性属阳，女人性属阴，所以只有女人才拜祭月亮，大概是仿效齐无盐，希望自己长得越来越漂亮吧。

乞菊、赏菊

乞菊、赏菊

重阳赏菊在我国古代早已有之。重阳时节，正值菊花怒放，魏紫姚黄，清芳幽香，给节日增添了无限的色彩。相传晋代诗人陶渊明是一位菊迷。他在隐居时经常"采菊东篱下，悠然见南山"。他常对菊自语："菊花知我心，九月九日开。客人知我意，重阳一同来。"到了宋代，赏菊成为一时盛举。届期，无论皇室贵戚还是文人士子、小民百姓，都要赏玩菊花。文人士子们还举办社交宴乐性的菊花会，赏菊吟诗。不过，其中规模最大、气象最盛的当属宫廷赏菊："禁中例于八日作重九排当，于庆瑞殿分列万菊，灿然眩眼，且点菊灯，略如元夕。"到了清代，有的地方重阳前后要举行菊花大会。此时，人们来来往往倾城出动观看菊花，热闹空前。菊花，多年生菊科草本植物，是经长期人工选择培育出的名贵观赏花卉，也称"艺菊"，品种已达千余种。菊花是中国十大名花之一，在中国已有三千多年的栽培历史。中国人极爱菊花，从宋朝起民间就有一年一度的菊花盛会。古神话传说中菊花又被赋予了吉祥、长寿的含义。中国历代诗人画家，以菊花为题材吟诗作画众多，因而历代歌颂菊花的大量文学艺术作品和艺菊经验，给人们留下了许多名谱佳作，并将流传久远。北京人把菊花叫作"九花"，是居民家中普遍种植的一种花卉。有钱人家把数百盆菊花叠架起来，花团锦簇，看过去好像一座花山一样，叫作"九花儿山子"。四面垒搭的叫作"九花儿塔"，即使是平民小户，在重阳节前后也要买上一两盆金菊摆在窗前观赏。

逛灯

逛灯

　　农历正月十五元宵佳节，又称"灯节"，主要特色以观赏花灯为主。关于观灯还要从汉明帝说起，东汉明帝时，佛教传入中国，朝廷号召百姓于上元夜放灯，以示对佛的尊重。此风俗历代相沿，到唐宋时期，达到极盛。当然这也得益于东汉末年蜡烛的出现，以及蜡烛在魏晋时期的广泛应用。唐代时在上元夜，不仅百姓燃灯庆贺，连皇帝也不时与后妃出宫"微行观灯"，甚至"放宫女数千人看灯"。宋代时随着商品经济的进一步发达，城市的元宵夜几乎成了居民们的狂欢节，传统城市的光文化也随之发展到登峰造极的地步，元宵灯会不论在规模上还是灯饰的奇幻方面，精美都超过唐代，而且活动更为民间化、民俗化，民俗特色更鲜明。到了明代，灯节活动更为发展，还增设了戏曲表演。清代，满族入主中原，宫廷里取消了灯会，但是民间的灯会却仍然盛行。清代赏灯活动虽然只有短短的三天，但赏灯活动规模空前。除了燃灯之外，还放烟花助兴，后来又增加了舞龙、舞狮、跑旱船、踩高跷、扭秧歌等"百戏"的内容。

　　北京的元宵节观灯活动从正月十三开始，到十七结束。十三日为"上灯"，十四为"试灯"，十五、十六为"正灯"，十七为"罢灯"。正月十五家家户户闹花灯，大街小巷彩灯高挂，东四牌楼、地安门、东安门大街、西四牌楼、前门一带的店铺也都挂起了各式各样的花灯，争奇斗艳，引来不少的观众。妇女小孩也都手提着灯笼去逛灯，大街上形成了一条星星点点蜿蜒曲折的长龙。

逛庙

逛庙

庙会是一种集吃喝玩乐于一体的民间性娱乐活动。由于起源于寺庙周围，所以叫"庙会"；又由于小商小贩们看到烧香拜佛者多，就在庙外摆起了各式小摊赚他们的钱，逐渐成为定期的活动。庙会长期以来就是城乡物资交流的主要形式；庙会上所售的货物，尤其是土特产，便宜实惠，符合当时一般平民的消费水平。庙会上的一些戏曲、杂技完全出于民间艺人的创作，其地方风土情味及生活气息很浓，为大多数平民所喜闻乐见，符合当时一般群众的欣赏水平。同时，庙会也为一些贫民提供了谋生的场地。作为节年时令庙会，还有一个群众长期以来所形成的信仰和风俗习惯的问题，远非当时社会条件所能改变的。所以一些主要庙会仍沿袭旧制，照常举办，直至新中国成立初期，逐渐演变成纯商业性、娱乐性的集市。例如：隆福寺、护国寺、白塔寺、土地庙、花市等。在这种庙会上做生意的（包括戏曲、杂技艺人）有少数是固定的，如东西两庙的花厂子，隆福寺的书局，花市的绢花局子，都是座商，就开设在庙里或庙门外的街上。在庙会期间，自然生意兴隆，平日，当可照常营业，不必移动。其次则是非固定性的，也就是人们常说的所谓"赶庙"的，在几大庙会上来回跑。传统年节或结合佛、道两教祭祀活动循例开放的临时庙会。例如：前门关帝庙、五显财神庙、大钟寺、黄寺、黑寺、雍和宫、蟠桃宫、妙峰山、卧佛寺等。这种庙会的特点是以宗教活动为主，在此做生意的摊贩，流通物品均系香烛、供品以及有关吉祥物。

逛厂甸

逛厂甸

　　厂甸始于明朝嘉靖年间，兴于清朝康熙，盛于乾隆时期，至民国时逐渐衰落，新中国成立后曾短时复苏，后终消逝于"文革"初期，1964年举办了最后一次。"厂甸"原是南新华街路东的一条小街，仅十来户人家。辽代时此处为旷野人稀的村落。元代官方开始在这一带建窑烧制琉璃瓦，故名"琉璃厂"。清代琉璃厂远迁西山，这里成为"小有林泉"的荒凉地界，始称"厂甸"，也合称为"琉璃厂厂甸"。清乾隆年间，由于编纂《四库全书》，搜集天下藏书，许多书籍流入琉璃厂，使它渐成全国著名的书市。后来灯市也由灯市口移至此地，并汇集古玩玉器、碑帖字画、文房四宝、篆刻章料、儿童玩具、日用百货、风味小吃及南北年货等，又使这里成为闻名天下的年节庙会举办地。1917年，北洋政府内务部总长钱能训倡议在窑厂前空地（今中国书店一带）建成海王村公园，园内叠石作山，种植花树，高搭席棚，设置茶座，招徕顾客，成为琉璃厂商贸娱乐中心。"厂甸"庙会被市政当局正式认定，成为京都唯一的官设春节庙会集市。1928年后，曾将厂甸集市每年开放两次：即阳历新年一次，阴历正月一次。1931年，粗略统计"厂甸"庙会有摊商近千户。1945年的厂甸庙会仍有游人逾20万，占当时北京总人口的五分之一。1960年，因自然灾害曾中断。1963年北京市政府重开"厂甸"庙会，从和平门护城河桥头一直办到虎坊桥十字路口，约有商摊七百五十余家，客流量超过400万人次。

听戏

听戏

　　北京人说"听戏"，不说"看戏"，这一字之差学问可就大了。早年间北京唱京剧主要是在茶园里演出，在清代的茶园里，茶客们相对坐在长条桌的两边饮茶聊天，物质上的获取压倒了精神上的审美。茶园以收取茶资为收入，不卖戏票。虽然设置了京剧演出，但舞台是摆在条桌的侧面，茶客们一般的时候只听得见台上唱戏的声音，而极少专心看表演。后来有的茶园改名为"戏园"，以演戏为主，以卖票为经济收入。但是，"听戏"作为看戏的代名词却保留了下来。

　　北京人懂戏，特别是那些吃皇粮的八旗子弟，整天在戏园子里泡，一出戏不知道看过多少遍了，早就耳熟能详了，所以也就不看了，而是坐在那里，跷着二郎腿，闭着眼睛，随着台上的演唱而摇头晃脑，品的是那个味儿。当唱到精彩之处，眼睛一睁，马上就喊一声"好！"如果唱错了，哪怕是一句台词，一个唱腔，马上就是一个倒好。

　　谭鑫培、梅兰芳等一些戏剧大家，把听戏阶段的单纯追求声腔之美，先后做了两次改变：先变成追求小综合（唱、念、做、打之间），随后又变成追求大综合（表演与编、导、音、美之间）。随着时代的发展，戏园子里的设备也发生了改变，喝茶聊天的没有了，卖香烟小吃的没有了，打手巾板儿的也没有了，这样，人们对于戏剧的审美才从"听戏"发展到了"看戏"的阶段。虽然现在演戏的地方已经从戏园子变成了剧场，但是老北京人依然把看戏称为"听戏"。

下棋

下棋

　　在过去北京闲人多，一些衣食无忧的人们有的是闲工夫，"下棋"就是一种很普遍的休闲解闷的方式，在茶馆里、街头巷尾、大树下，经常能看见下棋的，一坐就是大半天儿，一盘棋能下上几个小时。下棋的人多，看棋的人更多，在一盘棋旁边往往围着十几个人在看棋。下棋雅称"手谈"，但是手谈之人不一定全都那么斯文，有的抓耳挠腮，有的青筋暴露，有的诮骂连声，有的苦思冥想，有的得意忘形，有的后悔连连，有的为了一步棋甚至会打起来，有的忘记了时间更忘记了吃饭。看棋的讲究"观棋不语真君子"，可是在看棋的人里面却没有几个是"真君子"，支招的大有人在。支招把棋赢了，对方不乐意，支输了，自己这里埋怨，反正是左右不落好，但是他们依然还要支招。在20世纪80年代，东北的相声演员杨振华、金炳昶曾经说过一段相声，名叫《下象棋》，生动形象地描绘了下棋人的种种形态。虽然有些夸张，但那些表现基本上是真实的。梁实秋先生写过一篇小说，名字就叫《下棋》，其中的第一段先写棋迷下棋时的情状，没有褒贬，寥寥几笔白描，已令读者忍俊不禁。以下再写棋盘上竞争心理的生动表现，其次再写看棋者的情状，最后发表评论，指出许多人之所以爱好此道，"是因为它颇合于人类好斗的本能"。只有认真计较输赢的人，"才深得棋中之趣"，颇有点睛的效果。在街头巷尾下棋的一般都是下象棋，下围棋一般不在胡同里下，而是在室内，也比较文雅。没有吆五喝六的。

看画展

看画展

在过去，北京没有美术馆，经常性的画展在琉璃厂的荣宝斋举办，荣宝斋是驰名中外的老字号，迄今已有三百余年的历史。荣宝斋所展出的绘画作品既是展品也是卖品。画家有了新作品，裱好了送到荣宝斋来，挂在店里供人观赏，待价出售。荣宝斋在多年的经营和收藏中，"以文会友"，与书画家们结下了翰墨情缘，是书画家信赖的朋友，是书画家与收藏家之间的桥梁。被视为"书画家之家"，多有佳话。曾在荣宝斋经营的现代著名书画家有齐白石、黄宾虹、张大千、徐悲鸿等许多著名书画家。临时性的个人画展或者是几个人的集展，大多在中山公园的水榭举办。这类画展有的只供观赏，有的是边展边售，以避开画商从中牟利。凡是售出的画都标上红纸，以表示有人已经买下了，待撤展之后交钱取走。有的画展红纸标了不少，但是展完之后依然物归原主，这不过是画者为了抬高自己的身价儿要的一个小伎俩罢了。中国画是以尺论价的，画幅大小价格不一，但是尺与尺之间含金量就不一样了，这要看画者的名气与题字者的身份地位了。裱褙的款式、材料，甚至颜料、纸张对于作品的价格也有影响。北京最大众化的画展，一是春节期间厂甸儿的画棚，届时从和平门开始一直到琉璃厂，南新华街两侧全都是苇席搭的画棚，所卖的全都是古旧字画，鱼龙混杂，真赝都有，有的时候还真能以低价买到好的作品。在东四、西单、天桥和庙会上的画棚里所展卖的大多是木版年画。

茶馆听书

茶馆听书

　　老北京的茶馆大约有三种，即清茶馆、书茶馆和茶饭馆。清茶馆只是喝茶；书茶馆里则有艺人说书，客人要在茶资之外另付听书钱；茶饭馆除喝茶之外也可以吃饭，但提供的饭食都很简单，不像饭馆的品种繁多。"书茶馆"继"大茶馆"之后出现，老北京有一百八十余家"书茶馆"，这些茶馆主业卖茶，也带说"评书"，以此招徕茶座儿，因此又被老北京人称为"书场儿"。过去的书场儿分为"说早儿的""说晌午儿的"和"说灯晚儿的"三种。一般的名角儿都是"说晌午儿的"和"说灯晚儿的"；而那些学徒的、刚出师的以及一些没有名儿的角色专门"说早儿"。几种"书场儿"都是按段儿零收钱，说完一段儿收一回钱，直到收场。说评书的又叫"摔评的"，他们在表演时必备几样道具：醒木、手帕、扇子、大褂儿（说短打书时，往往穿对襟中式小褂儿）、钱板儿和小笸箩。"书茶馆"里面的陈设与其他茶馆不太一样，屋里全是一溜一溜的长条桌、长条凳，这主要是方便客人听书。茶馆用的茶具主要也是提梁儿壶、绿豆碗儿两种，喝茶的价码儿在茶叶上分。茶馆中设书场，为艺人提供演艺舞台，也给茶人带来娱乐，两者有机结合，这是茶馆文化一个很好的创造。中国现代文学史上著名社团 —— 文学研究会，便是诞生于北京的茶馆"来今雨轩"，其人员有周作人、沈雁冰、叶绍钧、郑振铎、许地山、王统照、郭绍虞、耿济之、孙伏园等。在此前南开大学周恩来、邓颖超等成立觉悟社办《觉悟》刊物也是在"来今雨轩"进行聚会等活动。

听话匣子

听话匣子

　　留声机又叫"电唱机"，是一种放音装置，其声音储存在以声学方法在唱片（圆盘）平面上刻出的弧形刻槽内。唱片置于转台上，在唱针之下旋转。留声机为爱迪生的众多伟大发明之一，因为唱片能比较方便地大量复制，放音时间也比大多数筒形录音介质长。那种老式的留声机在老电影里还能看到，一个大匣子，用手摇启动，放上唱片，唱片随着机器转动，放下唱头，唱针划动唱片，声音就发出来了，旁边有一个"大喇叭"是扩音器。北京人管这种早期的留声机叫话匣子。早年间，留声机是个稀罕玩意儿，一个机器能唱歌、听戏，实在是新奇，因而吸引了不少的普通老百姓。在当时这种留声机都是外国制造的，价钱很贵，一般人是买不起的。

　　在当时有一种小贩，专门做给老百姓放留声机的生意。他们背着白布包袱，前头装着留声机，后头放着唱片。有的人家办喜庆寿事，例如老爷子做寿、给小孩办满月，想热闹热闹，也有的是没钱上戏园子听梅兰芳、谭鑫培等名家的戏，但是自己又特别的喜欢，都可以请"唱话匣子"的来，放上几段儿，过过瘾。在老舍的《骆驼祥子》里面，虎妞他爹刘四爷做寿，七十庆九，是个大寿，又搭棚又请厨子，并且叫小顺子去借话匣子，由此可见，当时留声机在喜庆活动中起着助兴的作用。请"唱话匣子"的来，当然是要花钱的，人家就指着这个吃饭呢。小孩子对这种洋玩意儿尤其感到新奇，以为在机器里面藏着人在唱戏呢，所以在胡同里一看到唱话匣子的就紧追不舍，想弄清楚里面的机关原理。

逛书摊

遛书摊

在过去，北京的学校附近，或是街头把角拐弯之处，经常可以看见摆书摊的人。一块油布，两个书架子就是他们的家当。油布铺在地上摆放书籍就可以开张营业了，所谓的书架子其实就是一盖一底带格子的书箱子，张开来格子里就可以插放书册，合上就是书箱，搬运起来十分方便。书摊上的书大部分是武侠、演义、言情小说，或者是写这些内容的"小人书"（连环画），也有《奇门遁甲》《皇历》一类的书。光顾书摊的人大多数是下层的劳动者和小学生。在那个时代，下层的劳动者文化程度都比较低，图书馆、阅览室是新潮的玩意儿，没有他们插足的份儿。为了满足文化生活，花上一个大子儿，就可以在书摊前或蹲或坐，全神贯注地沾着口水翻看那些纸页发黄了的旧书了，从中得到一些知识，或者记住一些故事。当时的人们把这种爱好叫作"遛书摊"。因为他们要满街地遛，看到哪个书摊上有自己中意的书，才肯掏钱看一会儿。有时候在隆福寺、东安市场、西单商场、琉璃厂的书摊上还真能淘到几本好书。摆书摊的人一天到晚，风餐露宿，受着风吹日晒，也挣不到几个钱，但是多少也能够给家里增加一点儿收入。

看变戏法

看变戏法

　　所谓的戏法就是中国特色的"魔术"。戏法和魔术的区别在于，表演魔术是穿西服或者制服，而变戏法是穿中式服装；戏法儿的道具大部分是人们司空见惯的日常生活用品或生产工具，如：盆、碗、碟、勺、笼、箱、柜、刀等。而魔术道具，大部分观众不熟悉，全靠特制而成。如：魔术棍、魔术枪、铁皮筒、魔术缸等。戏法儿的手法是"上下翻亮，里外交代"。而魔术的手法是"上指下掏，左亮右掏"。当演员用手指向上空时，而趁机用另一只手掏出下面所埋伏的东西，故为"上指下掏"。当演员让观众看左手时，迅速将埋伏物用右手掏出，名曰"左亮右掏"。"戏法儿"和魔术的基本手彩活（即手上的技巧）各有四套，戏法儿是"丹、剑、豆、环"。丹，是吞铁蛋；剑，是吃宝剑；豆，是仙人摘豆（两个碗把七颗胶豆扣在一起，来回变幻，来去无踪，出入无影）；环，是指九连环，将铅丝制成九个铁圈，可变幻成显意式的形象性东西，如：三轮车、官帽、花篮、灯笼等物。

　　在过去北京的街头有变戏法儿的，一般在天桥、各处的庙会上以及街头人多宽敞的地方，当时变戏法儿的都是"撂地"，也就是没有固定的演出场子，而是随处打场子在街头上卖艺，所表演的都是具有中国特色的传统戏法儿。变戏法儿的手法叫作"门子"，秘密叫作"海底"。俗话说："玩意儿是假的，功夫是真的。"戏法要变得好，使观众看不出来破绽，那是要经过长时间勤学苦练的。使人看了觉得神奇，不可思议，人家才会掏钱。

算卦

算卦

　　算卦的卦摊大多摆在庙会上，一张桌子，一块桌围子，上写着"一支铁笔分休咎，三角金钱定吉凶"。算卦的分很多种，有文王八卦、诸葛仙课、鬼谷神卦等，此外还有麻衣神相、黄鸟叼签、测字、看手相、批八字，等等。俗话说"倒霉上卦摊"，人们遇到了为难之事，自己不能决断，往往会去算上一卦。算卦的正是摸透了人们的这种心理，察言观色，语言探寻，得知你的一些真实情况，从而以自己的经验做出判断。至于那一套六爻八卦的《周易》理论，只是他们的幌子，是生意口，一般的都是故弄玄虚，用来迷惑人们的视听。所谓有本事的算卦者也不过使用三种方法，一是易经占卜；一是五行占卜；一是签文占卜。这三种占卜方式都有一套理论，进行推算，其实也是迷信，都是骗人的玩意儿。算卦的也有"高级"的，那就是有门脸儿、有招牌的"命相馆"，有的还有赫然的头衔"哲学博士"。有一个笑话辛辣地讽刺了算卦的人，说是有一个警察在大街上看到一个算卦的，就问他："你的卦灵吗？"算卦的说："灵啊！不灵不要钱！"警察说："那你算算我今天抓不抓你？"算卦的无言以对。因为在逻辑学里这属于"二难推理"，你说抓，他可能不抓；你说不抓，他可能抓你，无论你怎么回答都是错的。

看耍把式的

看耍把式的

"耍把式的"是北京人对练武术、表演杂技、气功等街头卖艺人的统称。这些艺人以一家一户为单位，或者几个人合伙进行流动演出。表演的内容有硬气功和皮条、武术、顶坛子、顶碗、飞叉、车技、盘杠子、拉硬弓、打弹弓，等等。他们表演的地点大多是在街头、庙会，他们属于"撂地"演出，走到哪儿就演到哪儿。观众绝大多数都是中下层的劳动大众，妇女和儿童在胡同里的空场上就能看到耍把式的，所以深受广大市民的欢迎。演出方式非常简单，几张桌子，几条板凳，打个天棚，甚至于画个圈儿就进行表演了。耍把式最集中的就是天桥，人们爱逛天桥，那里先后出了三代"八大怪"，其中多数都是"耍把式的"艺人，例如第一代常傻子、田瘸子的硬气功；第二代中傻王、志真和尚的硬气功，赵瘸子的二指禅，程傻子的顶碗；第三代中沈三的摔跤，等等。耍把式的艺人很苦，到了收钱的时候围观的人就走了，等开始表演了又回来了，一天也挣不到多少钱，还要交地皮钱，还有捐税，再加上吃饭、住店，也就所剩无几了。

拉洋片

拉洋片

　　拉洋片又名"西湖景"。清末由河北传入北京，是中国的一种传统民间艺术。表演者通常为一人。使用的道具为四周安装有镜头的木箱。箱内装备数张图片，并使用灯具照明。表演时表演者在箱外拉动拉绳，操作图片的卷动。观者通过镜头观察画面的变化。通常内置的图片是完整的故事或者相关的内容。表演者同时配以演唱，解释图片的内容。拉洋片初起的形式是：以布做墙围成直径约两丈的场地，内容二三十名观众。有画挂于人前，画面高约2.5米，宽约3.3米，上绘各地山水兼人物，一张画成一卷。观众看完一张后，演员用绳索放下另一张。同时，用木棍指点画面并作解释。另有人打着锣鼓招揽观众。后表演形式演变为用一木制箱，分上下两层，每层高约0.8米，长约1米。下层的正前面有4个或6个圆形孔，孔中嵌放大镜。箱内装有8张以"西湖十景"或历史、民间故事为题材的画面，演员用绳索上下拉动替换。木箱旁装有用绳牵动的锣、鼓、钹3件打击乐器，演员每唱完一段唱词后，以打击乐器伴奏。自清末民初始，天桥、护国寺、白塔寺、隆福寺等庙会以及京郊的丰台镇、通州等集市上均能见到拉大片的表演。20世纪30年代，北京拉大片的演员最有名望的是天桥地区的焦金池（艺名"大金牙"），是当时天桥地区"八大怪"之一。他用的画片多以民间故事为题材，如：《义和团打教堂》《黄爱玉上坟》等。他唱作俱佳，雅俗共赏，曾灌制过《夸美人》《大花鞋》《妓女告状》三张唱片。

观鱼

观鱼

金鱼身姿奇异，色彩绚丽，可以说是一种天然的活的艺术品，因而为人们所喜爱。据史料记载和科学证明，金鱼起源于我国普通食用的野生鲫鱼，先由银灰色的野生鲫鱼变为红黄色的金鲫鱼，然后再经过不同时期的家养，由红黄色金鲫鱼逐渐变为各个不同品种的金鱼。作为观赏鱼，远在中国的晋代时已有了红色鲫鱼的记载。在唐代的"放生池"里，开始出现红黄色鲫鱼，宋代开始出现金黄色鲫鱼，人们开始用池子养金鱼，金鱼的颜色出现白花和花斑两种。到明代金鱼搬进鱼盆。

每逢春末夏初，胡同里就传来"哎，大小……哎小金鱼哟"动听的吆喝声，卖金鱼的小贩都是挑担叫卖，担子的一头是装着清水的木制大圆盆，高约七八寸，里面分成几格按金鱼的大小或种类分别放入格内，也有的在木盆里放着些蝌蚪，俗称"蛤蟆骨朵"的；另一头是放着大小圆玻璃鱼缸的箩筐。这些金鱼大多是从崇文门外的金鱼池趸来，或是郊区农家饲养的。养金鱼之俗于明代在皇宫及民间盛行，有吉庆有鱼（余）、富裕有鱼（余）、年年有鱼（余）之意。金鱼因泛有金色，故称"金鱼"，金鱼基本上分草鱼、龙睛鱼两大类，草鱼多为郊区乡民饲养，尾为两歧，有红、黑、花各色；龙睛鱼最初为宫廷所养，故亦称"宫廷金鱼"，有黑、蓝、白、红、花点，五彩各形色，其尾似羽。金鱼极受旧京四合院的主妇及孩童们的喜爱，常常听到吆喝声就去挑选几条放入玻璃鱼缸内或水缸里，成为家里的宠物。

遛鸟

遛鸟

一些已经初步驯服的鸟，在见着生人或变换不同环境时，常会突然发野，惊悸乱撞笼。而常遛鸟可以消除鸟儿突野，可增加鸟的稳定性。遛鸟常在早晨和黄昏，拿着鸟笼到野外公园林地，将鸟笼挂在树上，让鸟儿鸣唱竞唱，越遛就会越有性，鸟儿大唱不止，可以增加鸟儿的胆量，更能和野鸟竞鸣，也可以使鸟习惯环境变换，起到稳定鸟性的作用。遛鸟时鸟笼可随着行走时两臂自然摆动，可以使鸟儿稳定，亦可增加鸟儿的平衡力、双脚肌力。遛鸟行走的时候，应放下笼衣，避免鸟受突来之景物所惊吓，突然发野撞笼或仰顶。北京人遛鸟以老年人居多，名为遛鸟其实就是遛人，为了活动身体。老北京人管遛鸟叫作"鸟会"，会鸟的同时也会了鸟友。什么"文遛红子，武遛画眉！"什么"画眉满街走，百灵不离手！"这遛鸟的讲究也大了去了！遛红子就得一步三晃，慢条斯理的。遛画眉可就得昂首挺胸，前后亮笼底。什么鸟就得有什么鸟的伺候方法。不是什么鸟都能遛，多数都是鸣禽，您要是提着一只牡丹鹦鹉遛一圈的话，非得让人家把大牙笑掉了！在过去王府宅门，有钱人家都有专门的鸟把式专门伺候鸟，王爷贝勒们要是想上茶馆显摆自己的鸟，那后面得跟一大群鸟把式给提着鸟笼子，那谱摆得大了去了！想当初北京有个养百灵的大行家叫"百灵张"，他手里有一只押出十三套的极品百灵，人家遛鸟从来不入群儿，鸟叫完一遍十三套立刻罩上罩儿回家，那叫一个风光，谁要想押鸟得给他送礼，要是熟人就在一屋里给你押，要是外人就得里外屋！

斗蛐蛐

斗蛐蛐

　　斗蛐蛐是一项古老的游戏，我国从唐代就有养蛐蛐的记载了，南宋时斗蛐蛐就已经非常时兴了，到了明代发展到了全盛时期。斗蛐蛐是北京人十分喜爱的一种游戏，无论皇宫还是民间，都流行斗蛐蛐。斗蛐蛐的场面十分可观，常常是黑压压的五六颗脑袋聚在一起观战。两边的主人拉开架势，嘴里都横叼一根逗蛐蛐的霸王草，各人先将参赛的"选手"捂在手中摇两摇，然后"打球子"，也就是用左手捶着右手腕，将"选手"一上一下地往空中抛，把"选手"们撞晕激怒，再同时放入缸中，这时但见双方钳卡钳，足抵地，绞成一团，滚在一起，一霎时腥风血雨，黑白翻飞，好一番厮杀！这时候围观的人们齐声喝彩，拍手叫好。胜败两方一般都要将息几天，好好调养，养精蓄锐，以利再战，说不定下回还有翻盘的可能。也有相克的情形出现。如有一只"红脑壳"，头大身硕，双翅透亮，威风凛凛，所向披靡，打遍天下无敌手，唯独胆怯一只名不见经传的"地钻子"。尽管威风八面，只要放进"地钻子"，往它腰下一钻，即刻噤若寒蝉，乖乖地只有俯首帖耳的份儿。斗蛐蛐的胜负观念极强，却与其他一些游戏项目不同，不含赌博性质，赢家在同伴的簇拥下扬扬得意，输家则遗憾地收起行头，悻悻然拍屁股走人。捉蛐蛐也有讲究，发现洞口后，先用霸王草做成的探须慢慢地把它逗出来，然后伺机很敏捷地用手罩住，再灌入预先准备好的纸筒，折住封好。切记不能伤头掉尾，也就是尽量不伤它的触须和尾巴，这样日后才能展示它的威风。

养鸽子

养鸽子

　　北京人喜欢养鸽子，养鸽子既是一种娱乐，也是一种情趣，因而北京人把养鸽子称为"玩鸽子"。一群群鸽子鸣着鸽哨在蓝天上飞翔，是老北京的一景。梅兰芳先生就酷爱养鸽子，他把鸽子放飞之后，看着鸽子在蓝天上飞翔，以此来锻炼自己眼睛的转动和明亮的目光，运用到舞台上，起到了很好的效果。

　　养鸽子一要有钱，二要有闲工夫。养鸽子夏季要凉爽防暑，冬季要保温防寒。食物是信鸽生存的主要物质基础，要根据信鸽不同生长阶段对各种营养的需求，饲喂能量、蛋白质等配备养分齐全的饲料。另外，还应保持信鸽饮水的清洁和保健砂的供给。饲养者每天定时、定量饲喂信鸽，并固定食槽位置，使信鸽养成按时归巢、定点采食的习惯。训练鸽子要持之以恒，严禁不规则地放飞调教。信鸽放飞训练时，每天早晚两次，必须坚持1—2小时，风雨不改，以增强其耐力；冬夏两季不可缩短运动时间，以训练信鸽的抗寒和防雨能力，适应各种恶劣气候的飞行，培育出"全天候"优良信鸽，使信鸽能从数百公里甚至数千公里以外飞回来。训练者要与信鸽进行"亲和"，人鸽方能在训练时呼之即来，挥之即去。"亲和"要从幼鸽开始，训练者要亲自教会鸽子饮水和采食，并使鸽子对训练的信号形成条件反射。总之，信鸽的饲养要从吃、住、配偶和疾病4个方面去驯服、控制信鸽的归巢性、服从性和回归准确性。这是信鸽正常繁殖、健康生长的保障，也是调教、训练出优秀信鸽的基础工作。

听秋声

听秋声

秋天有秋天的美，人们感悟秋天的方法很多，"听秋声"是其中之一，听秋声有三个声源：秋雨、秋风、秋虫。而玩秋虫则是其中最有情趣的一项。会鸣叫的秋虫很多，其中以蝈蝈和蛐蛐最受人们的喜爱。养蝈蝈，闻啼鸣，斗蛐蛐自古就是皇宫内及民间百姓的嗜好。相传明清的一些皇帝及慈禧太后都极爱观赏斗蟋蟀，慈禧还曾把宫中贮养的蛐蛐赏给进宫演戏的名伶谭鑫培、杨小楼等人。养蛐蛐、斗蛐蛐古今都是北京人的闲趣乐事，"勇战三秋"，旧时秋后每到夜晚，蛐蛐的鸣叫声就在四九城响起来，在宣武门崇文门外都有专门出售各种蛐蛐罐的，也有摆摊卖蛐蛐的商贩。

旧时的蝈蝈有黑、绿、青、褐色诸种，按季节说则有夏秋之分，"立秋"前的为夏蝈蝈，立秋后的为秋蝈蝈，那人工孵育的则能养至隆冬开春。在从前一过了麦秋，胡同里就开始出现卖蝈蝈的了，再往后是卖"油葫芦"的、卖"金钟"的。卖蝈蝈的把蝈蝈装在用麦秸秆或秫秸编织的笼子里，笼子的形状五花八门，有圆的、方的、盘肠形的、八角的、三角的，一个笼子装一只，卖蝈蝈的小贩一次要挑几百个笼子，鸣叫之声非常大。人们买一个回去，挂在房檐下，听着清脆的叫声，给生活增添了情趣，好不惬意。旧时玩儿秋虫的人把秋虫爱若至宝，"秋虫冬养"。使用特制的葫芦饲养，揣在怀里保暖，时刻可以听见秋虫的鸣叫之声。葫芦谐音为"福禄"，有吉祥之寓意。有一首竹枝词说得好："二哥不叫叫三哥，处处相逢把式多。忽地怀中轻作响，葫芦里面叫蝈蝈。"

打冰出溜

打冰出溜

冬天到了，冰天雪地，但是依然挡不住孩子们爱玩的习性，护城河、什刹海都封冻了，这些地方就成了他们在冰上娱乐的场所。在冰上的玩法很多，最简单的就是"打冰出溜"了：先使劲儿猛跑几步，再突然前侧身停下，这时，惯性的冲力就会令其在冰面上滑行，随着经验的积累与冰面的润泽，他们便能越滑越熟练，一个跟着一个，个个一冲就是四五米远，有的能到十几米才慢慢停下来。"打冰出溜"就看谁滑得远，这与跑的速度、体重甚至鞋底都有关系。也有的小孩在鞋底下放一小竹片，一脚踩上，一脚踏蹬，在冰雪上不断前行，也挺不错。更好玩的是冰车，冰车的做法更复杂一点：找几块木板条，一厘米厚、二三十厘米长，再找两根宽厚都在二三厘米的、长约四五十厘米的厚木条，用钉子把木板条平整地钉在两根厚一点的木条上，就成了平板车的雏形。冰车不需轮子，只需找两根粗的铅丝，两头钉进木条固定，中间部分嵌在木条表面。找两根圆的木棒，在一头钉进一根大钉子，再把钉子的头磨掉、头磨尖，用作滑冰车的钎子。滑的时候，把冰车有铅丝的那一面放在冰面上，盘腿坐上冰车，两手各执一钎子，往后用力一划，冰车就冲了出去。不停地使劲划钎子，冰车就越来越快，拐弯时只需用一边划即可。刹车时，用一根钎子斜向后插到腿前，冰车就慢慢地停下来了。比赛场面很是壮观，一声令下，一排冰车就飞了出去，偶尔也撞得人仰马翻，有的太快刹不住车，一下子冲到了岸边的河沿上，人就飞了上去，闹了个狗吃屎，逗得大家哈哈大笑。

放风筝

放风筝

　　风筝亦称"风琴""纸鹞""鹞子""纸鸢"，传说第一个风筝是鲁班用竹子做的。风筝是一种比空气重、能够借助风力在空中漂浮的制品。晚唐时，人们在纸鸢上加竹笛，纸鸢飞上天以后被风一吹，发出"呜呜"的声响，好像筝的弹奏声，于是人们把纸鸢改称"风筝"。春节期间，北京多晴朗之日。春风袅袅，碧空如洗，丽日白云，寒气渐消。这时，如果抬头观望，常常会看到两三只色彩鲜灵的风筝，在湛蓝的天空中飘荡。北京人都喜欢风筝，春节期间到旷野去放风筝也是一大乐趣。从大年初一起，一直到清明节，是北京放风筝的好时候。出售风筝的小贩往往就是制作风筝的艺人，他们用一种使人感到亲切的吆喝声招徕顾客，有时还会就地把风筝放到空中。戴"马虎帽"的小孩，穿长衫的读书人，着青缎子马褂的老翁，都会被这些栩栩如生的风筝所吸引，仰首观望，啧啧赞叹。天空中是翩翩起舞的风筝，地面上是噼里啪啦的鞭炮，构成了一幅春意盎然的京华新春风景图，令人心醉，令人依恋。清《帝京岁时记胜》记载了当时倾城男女"各携纸鸢"，清明扫墓后施放较胜的盛况。近人沈太侔《春明采风志》载："常行沙燕，一尺以至丈二，折竹结架，作燕飞式，纸糊……三尺以上，花样各别，哪吒、刘海、哈哈三圣、两人闹戏、蜈蚣、鱼占鱼、蝴蝶、蜻蜓、三阳开泰、七鹊登枝之类。其最奇者，雕与鹰式，一根提线翔空中，遥睹之，逼真也。"北京风筝基本形式有硬翅、软翅、排子、长串和桶形五种。

踢毽儿

踢毽儿

　　踢毽子是中国有民族特色的民间体育活动之一。把一束鸡毛插在铜钱上，再以布条缠牢，即扎成一个惹人喜爱的毽子。踢毽子是从古代"蹴鞠"演变而来的，蹴鞠本是军中习武之戏，类似今之足球赛，相传为黄帝所创。经过几千年，鞠被毽取而代之，娱乐范围亦由军中扩展到民间。明代刘侗的《帝京景物略》卷二"春场"所载歌谣云："杨柳儿死，踢毽子。"反映出踢毽子活动集中在冬季与初春。从寒冬到阳春，在北京的街头巷尾或大杂院里，到处可见三五成群的女孩子，一边踢着五颜六色的毽子，一边唱着美妙的儿歌："小毽子，飞起来，姐姐妹妹赛一赛，里踢踢，外踢拐，八仙过海，九十九，一百。"花花丝丝的毽子在儿歌的伴随中上下翻腾，左右飞舞，女孩子们兴致勃勃，争奇斗胜，其乐融融。以踢毽为业的翔翎艺人，讲究用染过红绿等颜色的雕翎扎毽，蓬松柔软，绚丽斑斓。表演时手舞足蹈，运用磕、蹬、弹、拐、跃等基本技巧，表演里外帘、竽膝、拖枪、突肚、剪刀抛、佛顶珠等多种名堂。一整套动作由简而繁，由易而难，不稍停息；再看那雕翎毽儿，忽腾忽伏，忽前忽后，忽左忽右，良久不坠，令人眼花缭乱，啧啧称叹。1940年前后，北京翔翎艺人谭俊川，以其奇巧绝技而蜚声中外。谭氏技艺的特点是：动合机宜，娴熟优美，舒展大方，变幻莫测，毽子一经被他踢起来，就像是被一只无形的手捏住了似的，能够随其意准确而巧妙地落在首、面、背、胸、肩、膝等不同部位，亦可将毽子依次滑至胸、腹、膝、脚，毫厘不爽。

摔跤

摔跤

　　老北京管摔跤叫"撂跤"，历史悠久。清代时，北京摔跤分宫里跤和宫外跤，宫里跤仪式严格，有一些绝技，以满人练习为主。北京跤属中国跤，世界六大名跤之一，有三千多年的发展史，这项运动在大清朝达到鼎盛。与老天桥的很多绝技一样，撂跤也是源于宫廷。当时，清朝侍卫府"善扑营"专门训练跤手，他们有的是大内侍卫，有的是王爷贝勒的亲兵。后来，这些摔跤的功夫逐渐传到了民间，在1922年左右，一些名跤手开始在天桥撂跤表演为生。民国时期在紫禁城的正南天桥地界有三大跤场，其中之一的宝三跤场创始人宝三，被后人格外推崇。他是八旗的子弟，姓"博尔济吉特"，民国后改姓"宝"，名善林，因排行第三，所以人送绰号"宝三"。宝三除了要中幡外，他主要在天桥的场子里表演撂跤、卖大力丸。曾拜善扑营总教目习宛永顺为师，学习撂跤。撂跤最吸引人的是出场后的跳跃，看似要摔倒的身形，瞬间又得以平衡，看似凌乱的蹦跳，却步步显示扎实的功力，据说摔跤手只要跳上两步，内行人就明白了来者的成色。比赛前的跳跃是给对手的震慑，是给自己的壮行。老北京撂跤前的跳跃，举手投足间展示着骁勇，拧眉厉目中流露着血性。老北京著名的跤手有熊德山、单士俊、满宝珍、孙殿启（小铸儿头）、徐俊卿、赵文仲（赵四，相声表演艺术家赵振铎之父）、利铁存（铁三爷），还有宝善林（宝三爷），等等。再往后还有马贵宝（马三爷）、陈金泉、傅顺禄、金茂生、杨宝和、何蓝亭、何贵生、徐茂等也都是跤界名手、不得了的人物！

郊野垂钓

郊野垂钓

钓鱼是最普通的捕鱼方式，由于渔具简单，便于携带，而受到很多人的喜爱，并且发展成了一种体育运动。钓鱼的工具种类很多，以鱼竿区分，可以分为手竿和海竿两种；以吊钩的装备方式区分，有单钩、双钩、串钩、炸弹钩和锚钩等几种。手竿是最普通的钓鱼工具，种类有独竿、大五节、小五节等几种。由鱼竿、鱼线、鱼漂、鱼钩、铅坠等几部分组成，主要用于钓取河湖近岸的鱼。鱼食又叫"鱼饵"，分活食和面食两种，以适合不同鱼种的食性。鲤鱼、鲫鱼、鲢鱼等喜食面食，而嘎鱼、泥鳅、黑鱼、花点儿、鲶鱼等喜食活食（即肉食）。面食一般用玉米面加白面烫熟制成，还可以在里面添加少量的白酒或香油之类气味较浓的辅料，捏制成豆粒大小的颗粒，挂在鱼钩的尖端即可。活食一般用蚯蚓、玉米钻心虫、面包虫作为鱼饵。面食的优点是容易制作，缺点是在水中浸泡一段时间之后就会散掉，要经常换食。活食的优点是只要鱼食不被鱼吃掉，就可以长时间地使用，缺点是鱼食不易得取。古往今来，人们都把钓鱼作为一项有益于身心健康的娱乐活动，虽然他们垂钓的目的不同，但培养高雅的情趣是完全一致的。

北京人喜欢钓鱼，早年间，钓鱼都是去城外的苇子坑、窑坑或者是圆明园的福海、海淀的一亩园等地，钓鱼的都是摸黑起床，等扛着鱼竿到了地方，天就已经大亮了。一般的时候早晚、下小雨的时候最爱上鱼，白天特别是下午一般都很难钓到鱼。

打猎

打猎

　　原始社会人类为了获取食物，不得不想方设法猎取野兽。当农业和畜牧业充分发达足以满足人类需要的时候，打猎活动就具有了多方面的意义。可以练兵，可以娱乐，甚至可以选拔人才。北京地区狩猎活动古已有之，主要范围在西部和北部山区，这一带山峦起伏，在历史上曾有原始次生林，后来因为过度砍伐，破坏了生态平衡。野生动物主要有野猪、黄羊、野兔、山鸡、狐狸、獾、狍子、鼯鼠、黄鼠狼、狐狸等，原来还有豹、狼等食肉动物，从20世纪60年代之后，就见不到了。历史上，北京郊区的狩猎工具主要是猎枪、套子、夹子、猎鹰、猎犬、猎叉等。猎枪是一种土造的装火药和铁砂子的长筒枪，是较为先进的狩猎工具，俗称"砸帽子枪"。猎鹰是一种小型的猛禽，俗称"鹞鹰"，一般是从河北、内蒙古等地买来的。训练好了的猎鹰可以由主人带出去捕猎，主人的胳膊上套着皮套子，猎鹰落在主人的肩或者胳膊上，可以按照主人的命令去捕捉鸟雀以及兔子、松鼠之类的小动物。夹子俗称"老虎夹"，这是形容它的威力，即使是夹住老虎也跑不了。捕猎最普遍的方法就是下套子，套子一般用细钢丝制成，在早年间用榆树皮等坚韧的植物拧成。只要野兽被套住了，就会越挣扎越紧，直至被勒死。用套子主要是捕捉野兔子之类的小动物。小型的打猎活动称为"跑山"，大型的打猎活动称为"打围"，超过10个人的集体打猎活动称为"打大围"。

骑驴下乡

骑驴下乡

　　早年间，北京没有这么多汽车，出城办事一般的都是雇毛驴，北京俗称"雇驴脚"。这种驴一般不用鞍子，而是用坐垫。雇用毛驴有专门的驴市，俗称"驴口儿"，就如同现今的"汽车站"。驴口分为三种：一是"常口儿"，就是"固定车站"；二是"临时口儿"，等于"临时车站"；三是"对槽口儿"，这是比较固定的路线，好像汽车的始发站和终点站一样。常口儿的毛驴一般都在各城门的关厢处，是固定的。清明节、中元节等，城里人出城上坟或办事，以及春节的时候走亲访友，都在关厢雇驴脚。平时有事出城或郊外游玩，在这些常口儿都能雇到驮驴。临时驴口儿一般都是为了赶庙会而设立的。哪里有庙会，四面八方便有赶往庙会的临时驴口儿。这里的脚钱一般比较贵，因为敢在临时驴口儿载客的主儿，一要毛驴棒，能跑；二要赶脚的技术好，不能让骑驴的客人发生任何危险。许多城里人逛庙会主要是为了玩儿，骑毛驴就是想跑一跑，享受一回乡间野趣。客人雇对槽驴的时候，先讲明到什么地方下驴，交了钱之后，槽口儿的人就把毛驴牵出来，把鞭子交给客人，让客人自己走，而不用赶脚的跟着，这跟现在出租自行车差不多。到了该下驴的地方，客人把毛驴交给当地指定的槽口，就算完事。赶驴脚夫是个苦活儿，不管夏天多热，冬天多冷，哪怕大雪深过腿肚子，为了生计，赶驴脚夫辛苦奔波一天，只能挣到几十个铜板，而毛驴一天所需的草料就要十几个铜板。

窑坑泡澡

窑坑泡澡

　　"窑坑"就是砖瓦窑取土挖出来的大坑，年深日久积了水就成了水塘。在过去北京城里供孩子们游戏的水面不多，只有芦苇丛生的后三海。当时在北京城四周都有不少大小不一的窑坑，这些窑坑就成了当时北京的孩子们夏天洗澡玩水的地方。过去老百姓不知道"游泳"这个词，全把游泳叫作"洗澡"。会水的小孩在窑坑里洗澡姿势都是狗刨式，两只脚同时打水，在扑通扑通的声音中缓缓地游到对岸，然后暂停，休息，晒一会太阳，再去游一个单程。不会水的小孩也有责任，那就是看管大孩子脱下的衣服。与窑坑的关系，顶多是紧紧地抓住岸边的野草，在窑坑边上学学打水，湿湿身子而已。游泳过后，皮肤上总会有肉眼看不见的一层灰尘。家家大人反对小孩游泳，怕出危险，有的家长在小孩回到家中后进行检查，方法是在小孩的胳膊或腿部用指甲轻轻一划，如果出现的是明显的白印，那就是窑坑洗过澡的证明，轻则挨训，重则挨打，有的小孩挨打后就再也不敢去窑坑洗澡了。凡去窑坑洗过澡的孩子，回家前先用衣服反复擦拭胳膊和两腿，尽量把身子弄得干净一些，用以对付大人的检查。窑坑底部是黄土泥，呈锅底形，有不会水的小孩进了水，脚底一滑就跌入了深水处，连呼救命，还真有小孩因此被淹死了。后来许多不会水的小孩只在窑坑岸边上玩，不敢下水，当了看客。只有会游泳的大孩子敢下水，一律是赤身裸体，不穿游泳裤衩，女人不敢靠近，有的女人家来窑坑找小孩，只能远远地喊。

玩琉璃喇叭

玩琉璃喇叭

　　"琉璃喇叭"与"扑扑噔"都是用琉璃做的音响玩具，始于明代，发源于北京。琉璃喇叭就是玻璃喇叭，用玻璃熔液吹拉成形，吹奏时声音高亢响亮，清代广为流行。"琉璃喇叭"与"扑扑噔"都是由北京琉璃厂率先创制的。晚明刘侗在《帝京景物略》中说："东之琉璃厂店、西之白塔寺卖琉璃瓶，盛朱鱼，转侧其影，小大俄忽。别有衔而嘘吸者，大声喷喷，小声嗃嗃，曰'倒掖气'。"这里所说的"倒掖气"就是"扑扑噔"。清人富察敦崇在《燕京岁时记》中也说过："琉璃喇叭者口如酒盏，柄长三尺。扑扑噔者，形如壶卢而长柄，大小不一，皆琉璃厂所制。儿童呼吸之，足以导引清气。"琉璃喇叭分大小两种，小的多为紫色透明，吹口上有圆嘴，用力一吹可发出高亢响亮的直音，宜于低幼儿童；大的琉璃喇叭长约1—1.3米，淡绿色透明，底边和吹口色紫。吹口呈扁形，吹时非用力不响，宜于成年人。善吹奏的人可吹出高低变化的音响。民间通行的曲调是先发一粗音，继而为三数声高音，最后又以粗音引为长结，颇似鹤唳雁鸣。在北京的冬季，寒天如水，这纯朴苍凉的喇叭声常把人带入悲壮高远的境界。"琉璃喇叭""扑扑噔"因售价便宜，又可发声，几个小孩同时吹又好玩又热闹，所以当时颇受欢迎。那时凡是去逛庙、逛厂甸的都要买上几个。"琉璃喇叭""扑扑噔"因是用极薄的玻璃制成，经嘴呼吸而发声，如果用力过大，底部就会破碎扎破手指，有时还会将碎玻璃片吸入咽喉，非常危险，因此逐渐被淘汰了。

顶牛

顶牛

　　"顶牛"是骨牌的一种玩法。两家或几家轮流出牌，点数相同的一头互相衔接，接不上的人从手里选一张牌扣下，以终局不扣牌或所扣点数最小者为胜，也叫"接龙"。骨牌也叫"牙牌"，于宋代开始流存，现在叫"推牌九"，打天九，古称"顶牛"。牙牌有三十二扇牌，牌面点子排列分布依照天上辰星次序数目推编制成次序数目。天牌，二扇，二十四点，象征天上二十四节气。地牌，二扇，四点，象征东南西北四方位。人牌，二扇，十六点，象征人性心理的"仁义忠信礼廉耻智是非羞恶恻隐辞让"十六字。和牌即鹅牌，二扇，八点，象征大和元气流通八节之间，表示四海升平、国泰民安。梅牌，二扇，二十点，紫梅斗数占卜问卦预测未来国运前程。以后牌的图案编制也失考证。牌九是由骰子演变而来的，但牌九的构成远较骰子复杂，例如两个"六点"拼成"天牌"，两个"幺点"拼成"地牌"，一个"六点"和一个"五点"拼成"虎头"。因而牌九的玩法也比骰子更为多变和有趣。

　　32只骨牌（也有用20只），3—4颗骰子（若3颗骰子则颜色相同，4颗则其中1颗颜色不同，3颗或4颗依赌场而异），1个骰盅。牌九的基本玩法就是以骨牌点数大小分胜负。骨牌牌九又分大牌九与小牌九，大牌九是每人四张牌，分为大小两组，分别与庄家对牌，全胜全败为胜负，一胜一败为和局；小牌九是每人两张牌，胜负立现，由于干脆利落，小牌九流行较广。

玩四圈

玩四圈

　　"玩四圈"说的是打麻将。四个人轮流坐完一次庄为一圈。麻将起源于中国，原属皇家和王公贵族的游戏，其历史可追溯到三四千年以前。在长期的历史演变过程中，麻将逐步从宫廷流传到民间，到清朝中叶基本定型。相传明朝时一个名叫万饼条（或"万秉章"）的人在"叶子格戏"的基础上创造麻将，以自己名字"万、饼、条"作为三种基础花色。另一方面，有人说麻将本是江苏太仓的"护粮牌"。每年因雀患而损失了不少粮食。管理粮仓的官吏为了奖励捕雀护粮者，便以竹制的筹牌记捕雀数目，凭此发放酬金，这就是太仓的"护粮牌"。这种筹牌上刻着各种符号和数字，既可观赏，又可游戏，也可作兑取奖金的凭证。这种护粮牌，其玩法、符号和称谓术语无不与捕雀有关。例如，"筒"即是枪筒，"索"即"束"，是用细束绳串起来的雀鸟，"万"即是赏钱的单位。此外"东南西北"为风向，故称"风"，火药枪射鸟应考虑风向。"中、白、发"也有寓意："中"即射中之意，故为红色；"白"即白板，表示放空炮；"发"即发放赏金。麻将玩法的术语也与捕雀护粮有关。如"碰"即"砰"的枪声；又如成牌叫"和"（读 hú），"和""鹘"谐音，"鹘"是一种捕雀的鹰。除此之外还有"吃""杠"等术语也与捕鸟有关。在太仓地方言叫"麻雀"为"麻将"，打麻雀自然也就叫成打麻将了。搓麻将从娱乐的角度来说，它可以调节身心，锻炼心智，丰富生活，增加情趣。

斗纸牌

斗纸牌

　　纸牌有很多种，这里专指"纸叶子牌"。纸牌原名"叶子戏"，在我国有很长的历史。明代谢肇淛《五杂俎·人部二》中说："有纸牌，其部有四：曰钱，曰贯，曰十，曰万。而立都总管以统之，大可以捉小，而总管则无不捉也。其法近于孙武二驷之术，而吴中人有取九而捉者。"清代赵翼《陔余丛考·叶子戏》说："马令《南唐书》：李后主妃周氏，又编金叶子格，即今之纸牌也……则纸牌之戏，唐已有之。今之以《水浒》人分配者，盖沿其式而易其名耳。"到了清代，纸牌的样式及打法已基本完善，并有逐渐演变成马吊牌的说法。纸牌的玩法和算法与麻将、扑克有相似之处。清代的王公大臣乃至帝、后、妃、嫔等均嗜好纸牌游艺，成为一时时尚。《清稗类钞》载："康熙时，士大夫喜马吊。"《啸亭杂录》记载了一段雍正时大臣玩叶子戏的生动趣事："王殿元云锦与元旦同戚友为叶子戏，忽失一叶。次日上朝，上问夜间何以为欢，王以实对。上笑曰：'不欺暗室，真状元郎。'因袖中出叶示之，即王夜间所失叶。"常年寡居寿康宫或慈宁宫的太后、太妃们，为打发除"念佛"外单调孤寂的宫廷生活，多以"斗纸牌"来打发时日，忘记置身深宫与世隔绝的无奈。慈禧太后虽国事缠身，可她也乐于此道，在闲暇时常召集福晋、格格们"斗纸牌"。在北京斗纸牌的一般都是老太太，闲暇之余，特别是在春节期间，几个老姐妹凑在一起斗纸牌，挂一点儿"小彩"，作为一种娱乐。男人斗纸牌的则不多，因为他们更喜欢打麻将。

逛小市

逛小市

　　北京买卖旧物的所在名为"小市"，"小"字的意思就是告诉人只卖零碎用物。小市以时间来分，有"早市"（亦名"晓市"），通常在后夜三四点钟起，日出即已将收市散市，冬日至迟不过上午九时。有"晚市"，时间在下午三四时起，黄昏散市。后来又出现了"夜市"，在掌灯后营业，三更收市。夜市因主要时间在天未明时，所销售的物品，时常有来路不正，也时常发现珍奇物品，所以又称"鬼市"。鬼市全仗天黑借灯光看货，赌的是目力，用的是迷魂掌，天明便失去不少机会。到这里来卖货的都是"打鼓的"和摆小摊儿的，也有小偷来这里销赃，还有卖假皮鞋、坏钟表的。有时也在黑灯下，收买一些俏货、小道货。鬼市摆摊，虽没一定地界界限，但大致各有各的范围，总以卖珠宝小件货的为中心，四周设摊。到了这里来卖东西的以摆小摊儿的居多，俗称"抓货"，他们讲价大的在袖中拉手，以手比数，如按二指为大数，再按三指为零数，即二十三元，或两元三角，若只是几角钱就不必用拉手，可以说"暗语"。普通市民也来这里"逛小市"，目的是买便宜东西，用现在的话说就是"淘宝""捡漏儿"。不过这是很不容易的，因为卖东西的做鬼的手段很精，蒙外行是一蒙一准。其中卖假字画，卖假"赵子玉"蛐蛐罐的更是数不胜数。但珠宝玉器，因外行人买的少，却很少假货。下至破货旧物，残缺不完整的木器、衣料，只有逛小市的人才买。在这里既有吃亏上当的，也有淘到宝贝的，花不多的钱买到了好东西。

逛鸟市

逛鸟市

　　早年间，北京的鸟市主要集中在庙会上，其中以隆福寺的鸟市最大，据说其规模占了一条街。在鸟市上什么鸟都有。百灵要从内蒙古、张家口运雏鸟到北京，一路上用担子担过来，生怕坐汽车听了喇叭声，一旦学了去，就是脏口了。拿回来用老鸟压音，但不是本音，百灵鸟善于模仿，讲究从学麻雀噪林、母鸡下蛋到推小车声等一共十三套。画眉分齐毛、老毛，从雏鸟开始喂，便于驯养，压口也方便，学的是本口，但缺少野性，叫得不冲。老毛是大鸟，已经在野外学了本口，但不好驯化，好多关在笼子里就不叫了，得耐着性子一点一点逗，一旦开了口，那可就好玩了。红子的体型最小，可也最难玩，最显功夫，从产地上分河南、东北、山东等地。红子叫济济红、济济棍、济济水，声音不大，但越听越有味道，加之动作活泼有神，很是惹人喜爱，还有伊犁桂等水音，音越多，就越难得。有一种蓝靛颏、红靛颏，毛色、叫声均妙。还有一类是玩把戏的，黄雀、老锡嘴、梧桐，等等，训练叼小旗、选卦签、提水桶、捡硬币。最棒的是接飞弹，训鸟的把骨质弹丸打到空中近百米高，手中的鸟儿抖翅直上，一嘴叼住，飞回还给主人，好鸟能一次连接两弹、三弹。鸟具都是手工制作，不乏名师高手，做竹笼子的三河乔、琢州马、天津王，还有做钩子的老索、小毛，匠人们的玩意儿各具特色，都精巧非常，在自己的作品上，还往往打上火印，还有小小的鸟罐，有青花、有粉彩、有人物、有山水，瓷罐子入炉要烧几次都有讲究，东西精美了，价格自然不菲。

票房

票房

　　北京人喜爱戏剧，特别是京剧，一般人都能哼上两句。有的人还邀请同好成立了业余班社，粉墨登场，自娱自乐，这种非职业的演员称为"票友"。歌唱者需持有执照，所谓"唱票"，这些业余歌唱者之间就互称为"票友"，以后"票友"就成了业余演唱者的代称。清中叶以后，八旗贵胄嗜爱戏曲成风，并以演唱戏曲为乐。不过他们演唱不为生计，故谓之"票戏"。演唱时票友们会集一堂，其会合的地点就叫作"票房"。最早的票房始于道光年间，到同治末年的翠峰庵票房已有相当规模。从同治开始，京城各区票房林立，参加活动者少则十几人，多则数十人，甚至上百人。有的还在自家宅内设立家庭票房，那些酷爱戏曲的豪门富户，腾出宽敞的房间或客厅，而且屋内桌椅、茶具等设施极为讲究，甚至挂有精致的水牌。还有的自己出钱为皮影戏"钻框子"或为托偶戏"钻筒子"配唱，既不让人看见自己的庐山真面目，又过了戏瘾。清同光年间，正是京剧的鼎盛时期，票友、票房遍及京城。光绪皇帝爱新觉罗·载湉、贝勒爱新觉罗·载涛、袁世凯的公子袁克文、同仁堂的经纪人周子衡和上海的杜月笙、银行老板冯耿光、张伯驹、生理学家刘曾复等，都是造诣很深的名票。也有不少人由业余转为专业演员，也就是人们常说的"下海"，如老生张二奎、孙菊仙、汪笑侬、言菊朋、郭仲衡、奚啸伯，花脸黄润甫、金秀山，小生德如，老旦龚云甫，琴师李佩卿等都是京剧舞台上举足轻重的艺术家。

单　弦

单弦

　　单弦产生于北京，又称"单弦牌子曲"。是清乾隆、嘉庆年间，在北京的满族子弟中流行的"八角鼓"里的一种演唱形式。八角鼓是满族的一种小型打击乐器，鼓面蒙蟒皮，鼓壁为八面，七面有孔，每孔系有两个铜擦片，以手指弹鼓或摇动鼓身，使铜片相击而发出声音。演唱时，演员手持八角鼓，故又称之为"唱八角鼓"的。单弦的演出形式最初是一人手持八角鼓击节，一人以三弦伴奏演唱，时称"双头人"。清光绪六年（1880）前后，有旗籍子弟司瑞轩（艺名随缘乐）自编曲词，自弹自唱于茶馆，贴出的海报上写着"随缘乐一人单弦八角鼓"。自此单弦作为一个独立曲种传开。单弦的曲目，前期主要是反映清代北京社会生活风貌的，如《穷大奶奶逛万寿寺》《青草茶馆》等，也有由戏曲故事改编的，如《罗锅儿抢亲》《合钵》等。随缘乐以后，则多根据《聊斋志异》《今古奇观》《水浒》等小说改编，如《续黄梁》《胭脂》《杜十娘》《翠屏山》等。清末民初，许多单弦票友下海卖艺，他们当中有善唱时调小曲者，有善唱昆高曲牌者，这些曲调多被纳入单弦唱腔曲牌中，使单弦唱腔曲牌增多，表现力增强，目前所知单弦曲牌计有一百余支。众多的名家形成了各具特色的演唱风格。最享盛名的有荣、常、谢、谭四大流派。新中国成立后，单弦艺术得到进一步发展，除有大量新创作曲目外，在唱腔音乐上、表演形式上都有所变革，如增加男女对唱、单弦牌子曲联唱、表演唱等。享有盛誉的演员有曹宝禄、石慧儒、赵玉明、马增蕙等。

照相

照相

早年间，人们要把自己的形象保存下来，需求助于画师和他们开设的"画楼"或者"影像铺"，利用传统的绘画技法把人的容貌留在纸上。1839年，摄影术在法国诞生。不久，第一次鸦片战争爆发。1842年，中英签订不平等的《南京条约》，中国向外国开放五个通商口岸。随后，大批商人、传教士来到中国，摄影术也在19世纪40年代传入中国的香港、广州等地。在摄影术到达中国后，国人很快就学会了这门技术。摄影不仅价钱便宜，而且形象逼真，因此给画像行业造成了很大的威胁。于是很多画师想方设法学习照相技术，"画楼"和"影像铺"的画师也成为中国最早学会照相术的人。画师所经营的"画楼"或"影相铺"则是中国照相馆最早的称谓。1900年，"庚子国变"之后，慈禧太后为与洋人拉拢关系。开始引入一些西洋玩意儿。加之海外归来的德龄、容龄姐妹亦加以怂恿，在1903—1906年之间，慈禧共拍了三十多张装饰、体态各异的照片。清末民初北京早期著名照相馆是"五洋照相馆"，老北京最著名的照相馆是"大北照相馆"，1921年，大北照相馆在石头胡同开张。开业之初，只有一间门脸的二层楼和四五间平房、三个徒弟，设备也只有一架老式镜箱。周围"八大胡同"的"姑娘们"成了大北初期的主要顾客。当时照相的布景都是画的西洋景或者西湖景，道具一般都是一个大茶几上面摆着大掸瓶、盖碗茶，前面放两盆花，长辈坐在太师椅上，晚辈站在身后。照片都是黑白的，彩色是用透明颜料后涂上去的。

剃头挑

剃头挑

老北京把为男人理发称作"剃头"。剃头是从清朝开始的，满族进入汉族地区后，明令汉族男子改变明朝留"全发"的习俗，剃头梳辫子以示归顺清朝，否则就视为反抗朝廷而被处死。所以除了和尚、道士之外，成年男子都是剃头梳辫的发式，于是就有了剃头匠这行手艺人。剃头匠们的"店"，一种是在城镇某处固定地点，另一种最为常见的是剃头挑子，走街串巷，上门服务。剃头挑子上的东西，主要有以下几类：一是剃头梳辫的工具，即剃刀、梳子、篦子。二是辅助用具，如水盆、烧水的火罐、供顾客坐的凳子及围在他们身上的手巾和布单、收拾碎头发的笸箩，等等。还有一件东西是必不可少的，即由一钳形钢片和铁棍组成的"唤头"，剃头匠通过鸣"唤头"发出的"当啷——"声来招揽生意。梳辫子时代的剃头匠，最基本的技术是剃头、梳头编发辫和刮脸。此外，还要掌握一些相关的必要技术，包括掏耳朵、剪鼻毛、清眼目、染发、修整胡须和头、面、颈肩部的按摩。民国以后，男人留起了分头、背头、平头、光头等，剃头匠服务的主要对象已经转为老人和孩子了，因为时髦的中青年人，大部分都在理发店里修整他们的发型。他们的服务也渐渐改变。虽然还是拿着唤头"当啷、当啷"地走街串巷，但很多人都只是背着一只布包或箱子，里面除剃刀、布单、剪子、磨刀布、木梳、镜子等原有的工具外，又增加了理发推子。到哪家剃头就用哪家的，既方便了自己也不算麻烦顾客。

剃头棚

剃头棚

　　清代以前，中国人是不剃头的，因为"身体发肤，受之父母，不敢毁伤"。男子一般都束发留须。女子则或挽发髻，或绾于头上，不需理发。满清入关后，颁布使汉人满化的"薙发令"，强迫汉人依满俗剃去前半部头发。薙发令规定：凡大清军所到之处，汉民限于10日之内，尽弃明朝衣冠，尽行薙发改装，服饰仪节，皆遵满制。清朝廷在北京东四、西四、地安门与正阳门前搭建席棚，勒令过往行人入内剃头，违者斩首，这便是所谓"留头不留发，留发不留头"。京城地面广阔，这四处地方并不能很快地给北京人剃去头发，于是，朝廷又批准军中伙夫在各处街巷建棚或担挑子串户剃头，这就是北京最初的理发业。老北京理发业当时在大街上有门脸的叫"剃头棚儿"，同时也有挑挑儿走街串巷的。他们大都手里拿有一铁器，当时人称为"唤头"，形状似大镊子，用小棍自下向上一拨，便发出"呛啷"一声，随走随响，以召唤主顾。他们除剃头刮脸外，还为客人掏耳朵、按摩、推拿、正骨。有的上年纪的老人理发剃头时爱睡着，这个时候剃头师傅就会顺势给你按摩一阵儿。有的胳膊腿脚不舒服的，他还给你推拿。民国初年，人们思想落后守旧，妇女不敢进理发店理发，一些原是在大都市替富宦人家的太太、小姐梳妆打扮的妇女开始为北京妇女理发，大家叫这些人为"梳头婆"。1926年有了专门为女子理发的理发店，或在理发店里专设女部。店铺设备、匠师技艺、所用器具和材料都逐渐西化，改用推子、剪子、洋刀、沙发转椅和厚玻璃长镜。

修脚

修脚

　　中国足病的防治有着悠久的历史，早在商朝时已经有了足病的记载。相传在商代即有周文王患甲病，有一个叫"冶公"的人用"方扁铲"将其治愈。隋朝《诸病源候论》中已有胼胝和肉刺（鸡眼）的记载。到了清代，由于重视了"整足"，修脚已成为一个专门的行业。在光绪年间的河北定兴李廷华所著的《五言杂字》中有"修脚剜鸡眼"的文字记载，可见当时修脚术已广泛为足病患者服务了。脚病的修治技术简称"修脚"，明《外科启玄》卷七中已有修脚人的记载。修脚的大体上有三路师承，即河北路、江苏路、山东路。河北路以北京为发展中心，特点是修脚技术巧妙，活茬细致，擅长修治各种脚病；江苏路以扬州为发展中心，修脚时讲究活茬精致美观，尤其在捏脚、刮脚方面有其独到之处；山东路则以济南为发展中心，技术要求全面。早年间修脚的有的在街头（包括庙会、集市）路边行艺的，行话叫"剜窝的"。他们和江湖郎中混在一起，一般搭一白布棚子，地上铺一块红布，叫"靠地布"，上面摆放修下来的脚疔、脚垫等皮肉，墙上挂一画着各种脚病图样的白布，行话称作"点张子"，按图指画讲说以招揽生意。其中常在一处摆摊的，行话叫"常靠地"，都得能做"尖活儿"，即手艺好不骗人。那些赶集上的，行话叫"走马穴"，就难免做"腥活儿"了，即糊弄人骗人钱。有的是在浴池服务的，行话称为"画皮的"。他们除修脚、修趾甲、刮脚气，还搞脚部按摩，达到舒筋活血、解除疲劳的作用。

澡堂泡澡

澡堂泡澡

　　老北京人把浴池叫作"澡堂子"，据说北京的澡堂子早年都是宫里的太监们开的，是为了他们人老出宫后有个进项。交上一毛多钱，就能洗澡了。左手有个理发部，洗完澡可以刮个胡子修把脸。洗澡的在澡堂子里分三六九等。人多的时候，急着想进去您就领个大竹筐，把衣服扒干净了往里一扔，上面遮上一块白浴巾；高一等的是顺着墙根的一排柜子，衣服放在里面能上锁；再高一等就是既有柜子还有床的。客人一进门口，门口的伙计大声呼叫一声儿："来喽，两位！里边请！"跟着声音您就往里走吧，刚到下一个交叉口，就又出来一个伙计，他吆喝声变了："二位，到喽！这面走嘞你哪！"跟着他手指的方向看去，在床前已经站着一个伙计了，在给那床位叠浴巾呢，就算是小孩子也这样！澡堂子的床位不光是床，还有柜子、有锁，衣服有衣服架子能挂起来，鞋能放在最下面。有的外地人到了北京不找旅馆，就下澡堂子，白天占好了一张床蒙头就睡，直到晚上关门才出来。床上面有三块布，两长一短，长的能裹上下身儿，短的披在肩上正合适，扒光裹好了浴巾就奔池子走。到了池子门口把浴巾一卸，就下池子洗澡了。墙上有几个喷头，池子也是大池子，就跟游泳池里的蘑菇池一样。三个大池子一个比一个的水热。老北京人把洗澡称为"泡澡"，在热水里舒舒服服地泡完了之后，愿意修脚的可以修修脚，之后回到床上，床上的第二块大浴巾就是一个小被子，躺下之后盖上被子，喝茶、抽烟、聊天，然后美美地睡上一觉，那真是一种享受。

太平鼓

太平鼓

　　太平鼓又叫"扇鼓""扁鼓"，是汉族以及满族、蒙古族等少数民族喜爱的一种民间舞蹈。大约在唐代出现太平鼓的雏形。考古工作者曾在唐代墓穴出土的文物中发现一种鼓，样式类似今天的太平鼓。对太平鼓最早的文字记载是明代，明代刘侗、于奕正的《帝京景物略》记载："童子挝鼓，傍夕向晓，曰太平鼓。"太平鼓在清代康乾时期的北京民间已经十分兴盛了，在当时的北京，称太平鼓为"迎年鼓"。每年的腊月和正月是太平鼓活跃期。清代宫廷中旧历除夕也要打一阵太平鼓，取其"太平"之意。老百姓们击打太平鼓更是对太平盛世国泰民安的期盼，不仅可以烘托节日气氛，折射节庆习俗，更重要的是借此祈愿"求太平、追太平"。

　　太平鼓的基本结构是：上面的是鼓圈，下面的是鼓柄，鼓键一般为藤条制成，鼓面蒙羊皮或牛皮纸。鼓柄上有铁环，抖动起来，大环小环相碰的哗啦声相衬着击鼓的咚咚声，和谐动听。打太平鼓有十三套鼓：大扇鼓、小扇鼓、圆鼓、追鼓、夹篱笆、拉抽屉、串胡同、斗公鸡、摇头跪、四方斗、回香鼓、扑蝴蝶、走月牙。在表演时，左手持柄举鼓，上下左右摇动，右手执鼓鞭敲击鼓面，可击鼓心、鼓边、鼓框或鼓背。击法有打、抽、叩、按、抖等，并同时振动铁环或小铜钹作响。太平鼓多用于舞蹈伴奏，常配合舞蹈动作敲击，边敲边舞。表演形式有单人、双人和集体等，常在农历正月新春或元宵佳节的喜庆活动中表演。太平鼓既是乐器，也是舞具。咚咚的鼓声、飘舞的红缨，更增添节日气氛。

地蹦子

地蹦子

　　地蹦子又叫"地秧歌"，是相对高跷秧歌而言的，也就是不上跷的纯秧歌会。地秧歌与高跷秧歌的化妆、服饰、角色大体一致，穿彩衣，化彩妆，每个人各扮一个角色。主要角色有头陀（即大头和尚度柳翠之戏），手拿一对木棒，在前边引路，边走边打，后边的演员都按照他打的快慢节奏来走路。他的后边有渔翁、渔婆、樵夫、农夫、傻公子、傻公子老婆，以上谓之"渔、樵、耕、读"。此外，还有老作子、小二哥等。多表演八仙和梁山泊的故事。有的角色还要戴上打花鼓的腰鼓和小手锣（有俊鼓旦锣之说），打出"亮登强"的节奏。演员随时可以唱些短歌小曲，说些趣话，表演些逗笑的动作。角色共计十余人，除文扇、武扇、渔翁、樵夫外，其余均为双上（头陀、小二哥均为二人，锣鼓均为四人）。整个演出分"堆山子""走场""别篱笆""逗场"和"演唱"五部分。堆山子就是"叠罗汉"，人上摞人，摆出各种造型；走场就是队形的变换，令人眼花缭乱；别篱笆是一种集体造型；逗场主要是"小二哥"和"老座子"插科打诨互相斗嘴，其他演员表演各种滑稽动作，但是不说话；演唱主要是唱太平歌词或太平年，内容大多是劝善、四季花草、历史故事，等等。它的舞蹈动作是根据头陀的几套基本动作演变，共有六十四个套路。此外，舞蹈中大量吸收了戏曲表演技巧，讲究"手、眼、身、法、步"的表演技巧，从而形成了它鲜明独特的风格。

太狮会

太狮会

　　狮子舞俗称"耍狮子"，这项技艺相传源于战国时期，当时某诸侯国曾训练军队利用假狮子突袭敌人取得胜利，传入民间演变成了"耍狮子"。据史料记载，北魏时的"百戏"中就有"辟邪狮子"导引其前，唐代有"五方狮子舞"，宋代《百子戏春图》中也有狮子舞的形象。北京最早的狮子会来自宫中，是明代正德皇帝亲自组建的，到了清代在民间开始普及，成为一项深受人们喜爱的表演项目。《京都风俗志》中说："太狮以一个人举狮头在前，一人在后为狮尾……有滚珠戏水之名目。"狮子有南狮、北狮之分，北京的会档是北狮。北狮又分为"文狮"和"武狮"两个流派。狮子又分太狮和少狮，两个人合练的大狮子称为"太狮"，一个人练的小狮子称为"少狮"。一档狮子会最少要有两头大狮子，一黄一青，称为"金毛狮子青毛猊"。按照香会的规矩，太狮会成立60年以上，才可以带小狮子，带3头小狮子的称为"五狮"，带7头的称为"九狮"，再多就不行了，因为"九"是极数。狮子分两色，黄色是雄狮，青色是雌狮，表演时成双配对，少狮可以单独表演，也可以随着太狮表演，前引手持"布掸子"作为指挥；狮子表演走圈儿、打滚儿、坐、搔痒、后腿瘙痒、二狮同斗等动作。也有以铜锣作指挥的，还有以绣球作指挥的。俗话说："中幡怕过门，狮子怕过桥。"在过桥的时候，狮子要"点水"，也就是把身子从桥上探下去，用头触水面，表演难度极大。

高跷会

高跷会

　　高跷又叫"高跷秧歌"，源于古代农民的插秧劳动。高跷古称"高脚"，是一门古老的表演技艺，《列子·说符》载：春秋时，宋国艺人兰子为宋元公表演，"其技以双枝，长倍其身，属其身，并驱双驰，弄七剑，迭而跃之五剑常在空中。"据此看来，这项表演已经有两千多年的历史了。高跷一般由12人表演，每人脚踩90厘米高的木跷，进行舞蹈表演。高跷分为文跷和武跷两种，武跷以各种高难度、惊险的技艺为特色；文跷以表演走场、摆山子（叠罗汉）、唱秧歌为表演特色。如武跷的特点是做各种高难度的动作，如正跨、反跨、单劈叉、双劈叉等，表演打绊跳坡，从三张叠起来的高桌上翻腾下来，在两张高桌之间悬空劈叉，或身体后仰成90度，胸口上放一碗水，从高台阶上稳步走下来而滴水不洒，这些都是难得一见的绝技。文跷以摆山子、走队形为主要表演方式，其中以秧歌唱词最具特色，其曲调为"太平歌词"，内容包罗万象，有号佛、讲孝道、讲合家欢乐、讲忠义、讲忠君报国、讲虔诚信仰、歌颂太平盛世，以及生产生活等各方面的，通俗易懂，活泼幽默。高跷秧歌表演有"十二精灵捉张天师"的故事，说有一年三月三蟠桃会，金花娘娘因喝醉了酒而丢失了绣花鞋，而受到了张天师的羞辱。金花娘娘一气之下纠集了12个精灵去捉拿张天师，而被张天师用法术打败。12个精灵变化逃跑，变化为一座桥，12个精灵站在水里，脚踩的高跷就是桥桩。高跷秧歌中的12个角色是由12个精灵变化而来。亦有高跷秧歌表演"梁山好汉闹江州"等故事。

文场

文场

　　文场原本是为香会（花会）表演伴奏的，在花会中占有十分重要的地位，花会表演离不开文场的伴奏，没有文场的会档被视为"瞎会"。文场后来发展成了一个独立的会档，名叫"吵子"，也叫"献音老会""献香老会"。吵子会以演奏打击乐器中的钹、镲为主要技艺。这些铜制的钹、镲舞起来金光闪闪，响声震天，如同雷鸣电闪，吵子会象征着庙里的钟楼，是北京城"井子里"的"幡鼓齐动十三档"中正会之一。吵子会有两个流派，即"文吵子"和"武吵子"。其区别在于文吵子只进行演奏，武吵子则是演奏加舞蹈。吵子会所用的乐器主要有单皮鼓、铙、钹、镲子、小锣、小钹、海笛和一面堂鼓。武吵子另加两面大鼓。吵子会在郊区农村比较多见，称为"音乐会"或"音乐班子"。据金勋《妙峰山志》载：吵子会"多出于东八县与昌平所属各村，亦音乐会之一，惟吹鼓手很少，只用唢呐二只，海笛一支，单皮鼓一个，以外尚有铙钹八扇是矣。吹奏起来乱哄哄，无甚可取，会规与他会同"。武吵子一般由小孩子表演，人数必须成双，所用器具为铙钹，也叫"花钹"，可以表演走队形、翻跟头、滚山、过桥、对击对打侧手翻等。边奏边舞，特别好看。花钹有的加入到大鼓（挎鼓）会里，称为"花钹大鼓"，把鼓与钹二者的特点综合在一起进行表演，场面更加火爆、热闹。

中幡会

中幡会

　　中幡是一项古老的表演项目，是从神的仪仗中的幡幢演变而来，早在晋朝就已经有此项目。《晋书·乐志》下卷二十二载："晏谦弘农获关中担幢技以充太乐。"据"朝阳全盛中幡圣会"在妙峰山娘娘庙所立的"中幡小记"碑文记载，北京的中幡兴起于清乾隆年间。中幡行话称为"大执事"，有两种式样，一是样幡，一是花幡。样幡用水集竹竿一根，下径4寸，上径3寸，高2丈余。将竹节挫光打平，用细藤皮打箍，其上插三层红布小伞，下大上小，如宝塔形状，左右各插小红旗一面，幡衣子为红色黑火焰加小铜铃，全重百余斤，由于太重，只能用左右手倒接，而不能练花样。花幡高1丈5尺，重70多斤，要中幡主要是花幡，可以耍出各种花样。表演中幡不能用手扶，幡竿直立于身上的某个部位，用力抛起后，用头、肘、腰甚至眉心、牙、下颌接住。各会的传承不同，其动作的名称也有所不同，有的会档称为"脑键子""牙键子""盘肘""断梁""前腰串""后腰串"等。有的会档则称为"玉丝缠腕""苏秦背剑""封侯挂印""太公钓鱼""童子拜佛"等。中幡一般都是多人合练，因为中幡很重，练起来很费力气，所以要不停地换人，轮流表演。在换人的时候幡旗也不能落地，互相抛接。京师《百技竹枝词》中有一首"舞中幡"曰：

　　　　铃铎声中金鼓撞，佛场子弟键能扛。

　　　　彩幢正面凌风移，一朵云飞如意幢。

杠箱会

杠箱会

　　杠箱也是一档正会。"杠箱"是这个会档表演所用的器具，长约80厘米，宽、高各50厘米，木箱子上油漆彩绘，画有一些戏剧人物，箱子上安装有四个铁环，一档杠箱会有四个箱子，两个人抬一个箱子，表演时抬箱子的练手扮成梁山好汉的样子，表演"大换肩""小换肩""倒换肩""走花步"等花样儿。8个人的肩、肘、腰、膝、手要配合一致，不能乱了箱环响声的节拍。在杠箱后面跟着一名"杠箱官"，身穿大红袍，头戴圆翅纱帽，嘴边事短须，骑在一根竹竿上，头上打着一把大官伞。杠箱官有两种表演方式，一种是说学逗唱，并随时对"百姓"的"告状"进行戏审，判词大多是荒唐可笑的，逗人一乐。另一种是杠箱官装聋作哑，端坐不动，由走在他前面扮作"地保"的人表演，此人要擅长抓哏逗笑，并且身体灵活，会翻跟头，打反车，跳蹿自如。杠箱官身边带着一名地保，一名师爷，两名衙役，如果真有百姓来告状，可以介绍他们去县衙门，由"师爷"给他一个本会的知帖，按照传统，县衙门一般都会受理的。《京都风俗志》载："杠箱，一人扮幞头玉带，横跨杠上，以二人肩抬之，好事者拦路问难，则谑浪笑语以致众人欢笑。"《北平指南》说："杠箱会，该会有配角，肩扛杠箱在两旁，中间有一杠子，杠箱官坐其上，红袍短须，圆翅纱帽，具有滑稽之形状，不时有告状人等与杠箱官互作谐谈语词及歌唱。"

小车会

小车会

小车又叫"云车""太平车",也是一档正会。小车会演的是宋代刘老汉夫妇推车,送因家遭不幸而出逃的西夏周郡娘娘回家乡的故事。人物有推车老汉、拉车老妇、坐车娘娘、陪车丫环,动作套路有推车、拉车、误车、上下坡、过河、过桥、遇贼人跑车等。唱词有"光棍哭妻""对花"等。《妙峰山志》中有"小车圣会"一节:"该会做长途旅行状,扮一白发老人……推小车一辆。上有过凉帐,带走水,车中扮一旦角坐于车上,其实是地下走着。车前扮一丑角,如小放牛之牧童,作拉牵式。此会带唱粗而俗的曲子。"京城的小车会主要表演道具为小车,一般用竹子或木条制成骨架,上面有凉棚,后有两根车把,下面的框围布上画有两个车轮。一个打扮艳丽的女子在车中,用布带子将车架吊在身上,腿在下面行走,车面上用布铺平绷紧,以挡住坐车人的双腿,演员的前面装着一双假腿,缠着三寸金莲,呈盘腿状,宛如坐在车上一般。其角色在北京地区有所变化,按照传统规矩有10人,有浓施粉黛、花枝招展的坐车小媳妇。梳辫子穿彩衣彩裤的拉车姑娘、扶车的二丫环、推车老汉、俊公子和傻公子、丑婆子、盲人、和尚、傻柱子、傻丫头相随。小车会一般用锣、鼓、镲伴奏,小车会的表演套路有走平路、走弯路、走泥路、上坡、下坡、上桥、下桥、卧车、起车等。其中以"过桥"难度最大,"桥"是用两张方桌并在一起,两头各放一把椅子组成的。表演时,小车先上椅子,再上方桌,此时10名演员要全都站在两张方桌上,实属不易。

开路会

开路会

　　开路会俗称"耍叉"，是武香会朝顶进香队伍的开路先锋，表演的是"五鬼捉刘氏"的故事。"五鬼捉刘氏"又叫"目连僧救母"，是一个佛教中劝善的故事。讲的是目连之母刘青提不行善，打僧骂佛，五鬼捉拿其下了地狱。目连僧修炼成了罗汉，为报生母养育之恩，把刘青提救出苦海，在农历七月十五，他会同众僧举办盂兰盆会，广度天下饿鬼，几经磨难救出了母亲。也有的开路会表演《五鬼闹判》故事，讲的是阴间的崔判官抢男霸女，为非作歹，五鬼心怀正义，对判官进行搅闹，阻止其行恶的故事。开路会所用的叉分双头叉和单头叉两种，叉头是活的，可以转动，上面串有小铁环，舞起来时哗哗作响。叉柄长1米左右，鸡蛋粗细。开路会共用10把叉，分为两组，每组有1名大鬼和4名小鬼。在行香走会的时候，开路会走在最前面，舞动钢叉，为队伍打开行进的通道和表演场地。演员称为"练手儿"，虽然表演的是故事，但是每个人都必须要有真功夫才行。舞叉的动作主要是舞叉、飞叉和接叉。表演者不仅能把叉耍得在全身和头部上下左右飞舞，而且还能够互相抛接。表演的手法很多，有"十字披红""旱地拔葱""夜叉探海""十三连珠"等。清代李声振《百戏竹枝词》中对"耍叉"有这样的描写：

　　　　肉袒先登两臂道，铁环响处挚青虬。
　　　　年来谁演周王庙？闲杀青巾三刃刀。

新春开笔

新春开笔

　　大年初一这天，表示新的一年来到了。新年要有新气象，人人都想讨个好彩头，讨个吉利，读书人也是如此，"新春开笔"就是读书人讨吉利、预祝在新的一年里有好运气的活动。在这一天里，读书人用大红纸，或者写个斗方，或者写个条幅，写的都是楷书，书写的内容都是吉利词语，例如"一年四季，读书大吉"之类的词句，这叫作"新春开笔"，也叫作"元春书红"。斗方一般都是写"福"字，条幅一般都是四个字的吉利话，例如"新春开笔、大吉大利，一年四季、万事如意，生意兴隆、财源广进，六畜兴旺、五谷丰登，家门清吉、人口康宁，风调雨顺、国泰民安"，等等。目的是祝愿自己金榜高中。即使是做了官的人在这时候也要写上几笔，以求自己文思泉涌。写好之后，贴在板壁上。会赋诗的人，则触景生情，作几首自勉的诗。